KB168165

도올의 청계천이야기

-서울, 유교적 풍류의 미래도시-

도올 김용옥

📖 통나무

목 차

유교적 풍류의 도시철학

청계천복원은 지역적 사건 아닌 조선역사 패러다임의 전환 11

천지코스몰로지와 삼간론 13

하늘의 보편성과 추상성, 그리고 땅의 국부성과 구체성 14

임마누엘 칸트가 말하는 시간과 공간의 형식성 16

공간은 기의 배열에 따른 허와 실의 연속적 관계 17

『동의보감』의 삼초론과 서울의 공간배열 18

성곽의 의미 19

도시라는 유기체의 운명 22

문명과 문화 23

도시의 싸이클과 문명의 싸이클 24

확대의 논리와 제한의 논리 25

단핵과 다핵, 무위와 유위 26

풍류와 노래와 음식가무 29

최치원 『난랑비서』의 현묘지도 31

월스트리트와 브로드웨이 32

소외와 자유에서 건강과 협동으로 33

유위의 죄악은 유위적으로 무위화시키는 수밖에 없다 34

풍류와 유교를 통합하는 개념이 곧 인(仁) 35

청계천의 본명은 開川, 반드시 열려야 한다

"서울"이라는 명칭의 유래 39
서울 · 경성(京城) · 한성(漢城) · 한양(漢陽) 40
계룡산 신도안이 최초의 도읍지 42
하륜의 무악주산론과 정도전의 북악주산론 43
산수와 풍수 46
위기영혈론과 정혈법 47
노자가 말하는 현빈지문, 페미니즘의 근원 48
좌청룡 · 우백호란 무엇인가? 50
조산(祖山)과 조산(朝山) 52
서출동류하는 명당수 53
남방화와 해태, 그리고 개천 56

유교적 풍류 꿈꾸는 역사인식의 분기점

가화재와 신화재 61
종로의 옛이름은 "구름따라 가는 길" 62
암천(暗川)의 독가스와 보스톤의 비그디그 64
암흑속에 발아한 생명의 씨앗 67

한창기와의 처마끝 대화 70

아름다운 진보, 아름다운 퇴보 71

서울시민의 악덕, 나홀로 운전을 자제해야 73

개편된 버스체계 활용이 상책 75

자율의 확립을 위한 타율의 활용 76

서울시의 새로운 문화적 인프라 78

단종애사, 유득공과 이덕무가 남긴 아련한 정취 80

청계천복원은 도시미화아닌 도시혁명

-생태도시건설의 주인공 꾸리찌바 前시장 레르네르와의 대화-

반전과 평화의 교훈으로서의 이라크전쟁 87

자이메 레르네르의 판타지 88

끊임없는 도전의 역정 91

세계화와 유대감의 긴장 92

길은 넓힐수록 막힌다 93

버스의 지상철화 95

청계천 복원은 21세기 도시혁명의 한 시발점 96

주민의 자율적 참여가 관건 97

서울의 혼을 복원시켜라 99

창조성은 관계의 망속에서 현현한다 104

도올 어린이 교육신헌(教育新憲)　109

도올 어린이 교육신헌 해제(教育新憲解題)

어린이는 인류의 영원한 로맨스　119
"어린이"라는 말은 소파 방정환의 신조어　120
소파 방정환의 "어린이" 정신은 해월 최시형의 동학사상　122
토착적인 우리 어린이사상을
　　　　　　　서양의 기독교적인 교육사상으로 오인　124
해월의 이천식천(以天食天)사상　126
아녀자와 아동이야말로 쉼이 없는 하느님　130
인독트리네이션과　에주케이션　132
문암(文暗)에서 문명(文明)으로　133
어린이는 어떤 경우에도 방임될 수 없다　137
교육의 가치는 시대의 이상적 인간상과 밀접한 관계　138
민주는 성숙한 인간들의 협동체계　139

유교적 풍류의 도시철학

이 글은 단행본 『도올의 청계천이야기』의 출간을 위하여 독립된 논문으로서 집필된 것이며, 기존의 어느 매체에도 소개된 바가 없다. 미래도시의 철학으로서 "유교적 풍류"라는 개념을 설명하기 위한 것인데 본 책자의 총론에 해당된다. 도올의 "기철학"이라고 하는 세계관에 대한 깊은 이해가 없는 사람에게는 좀 난해할 수도 있는 글이지만 비교적 평이하게 서술되었으며 도시학의 다양한 측면을 매우 압축적으로 포섭하고 있다.

칭계천복원은 지역적 사건 아닌 조선역사 패러다임의 전환

　2003년 7월 1일을 기점으로 서울의 한복판을 흐르는 청계천을 덮고있던 복개와 그 위에 건설된 고가도로가 철거되고 개천(開川)의 원상이 복원되는 대 역사가 이루어진다. 이것은 태조 이성계가 1394년 10월 한양(漢陽)으로 새 도읍을 정한 이래, 태종이 대·소광통을 세우고 개천정비를 한 일, 세종이 천변좌우에 석축을 쌓고 수표교를 세운 일, 그리고 영조가 방민(坊民) 15만 고정(雇丁) 5만명을 투입하여 대 준천(濬川)의 역사를 일으킨 일에 비견할 만한 대사건이지만, 실제로 오늘날 청계천 복원의 의미는 역사적으로 청계천을 중심으로 이루어진 어떠한 기존의 사업보다도 더 막중한 것이다. 그것은 단순히 경관의 변화나 교통·물류의 변화를 초래하는 지역적 사건이기에 앞서 근원적으로 우리민족의 삶의 인식의 변화, 더 나아가서는 역사적 패러다임의 전환을 가져오는 일대 혁명적 사건이기 때문이다. 따라서 이러한 혁명적 사건을 이해하기 위하여 우리가 살고 있는 도시공간에 대한 근원적인 성찰이 요청되는 것이다.

인간의 모든 세계는 인간의 가치관을 지배하는 우주론(cosmology)과의 관련을 떠나서는 생각할 수가 없다. 따라서 도시라는 세계도 그곳에 살고 있는 인간들의 우주론의 모습과 결코 무관할 수는 없는 것이다. 그리고 도시는 자연(自然)이 아니요, 무위(無爲)가 아니다. 그것은 인위(人爲)며 유위(有爲)의 세계인 것이다. 자연이란 스스로(自) 그러함(然)이다. 산천초목이 스스로 그러하게 자신의 삶의 모습을 결정하듯, 스스로 그러한 모습이 곧 도(道)라는 것이다(道法自然). 도시의 변화도 스스로 그러할 수는 있지만 산천초목과 다른 것은 인간의 인위성이 애초로부터 개입되었다는 것이다. 한성은 여러 후보지로부터 특정한 시점에 선택된 것이며 그 선택과 발전은 그것을 주도한 인간들의 개념구조에 의하여 지배되게 마련이다. 그리고 그 개념구조를 지배하는 것은 궁극적으로 그들의 사유의 저변을 지배하는 우주론이었다. 그들의 우주론은 무엇인가? 과연 어떠한 모습을 지니고 있었을까?

천지코스몰로지와 삼간론

  그들의 우주는 천(天)·지(地)·인(人)이라고 하는 삼재(三才)를 중심으로 형성된 주역(周易)적 우주였다. 고래로부터 "천지"(天地)라는 말은 하늘과 땅을 묘사하는 단순한 일반명사가 아니라, 진국(戰國)시기에 황하(黃河)문명권에서 성립한 독특한 우주인식을 나타내는 고유명사였으며 그것은 그 후로 한자문명권을 지배하는 우주론이 되었다. 나는 기철학의 체계에서는 그 우주론을 "천지코스몰로지"(Tiandi Cosmology)라고 부른다. 이 천지코스몰로지의 골자는 삼간론(三間論)으로 요약되는 것이다.

  주역의 괘상(卦象)에서 제1효와 제2효는 지(地)의 자리(位)이다. 그리고 제3효와 제4효는 인(人)의 자리(位)이다. 그리고 제5효와 제6효는 천(天)의 자리(位)이다. 다시 말해서 이 천·인·지의 삼재가 합쳐질 때만이 하나의 우주, 하나의 괘가 형성되는 것이다. 그리고 이러한 괘는 각기 다른 음·양의 착종에 의하여 그 모습이 결정되는데 이것이 64개가 모인 것이 또

13

하나의 거대한 우주를 형성한다. 이 64괘 중에서 6위가 모두 순양으로만 이루어진 괘가 건괘(乾卦)며, 순음으로만 이루어진 괘가 곤괘(坤卦)인데, 이 순양괘와 순음괘는 천지라고 하는 추상적 원리를 나타내며 이러한 추상성은 변화의 현실을 내포하지 않는다. 이 추상적 원리에 대하여 나머지 62괘의 괘상이야말로 우리가 살고있는 세계의 다양한 변화의 원리를 나타내는데, 그것은 음양의 착종(錯綜)에 의하여 결정되는 것이다.

하늘의 보편성과 추상성, 그리고 땅의 국부성과 구체성

천(天)이란 무엇인가? 그것은 시간(時間)이라는 것이다. 지(地)란 무엇인가? 그것은 공간(空間)이라는 것이다. 인(人)이란 무엇인가? 그것은 인간(人間)이라는 것이다. 시간 · 공간 · 인간의 삼간(三間)에 공통된 것은 바로 간(間)이라는 것이다. 천은 지의 국부성(locality)에 한정되지 않는 시간성(temporality)이다. 인은 지의 국부성에 발을 붙이고 살면서도 천의 보편성을 추구한다. 인은 천의 이상성(ideality)과 지의 현실성(reality)을 포섭한다. 인(人)은 지(地)의 공간 속에서 살면서 천(天)의 시간 속에서 생멸(生滅)한다. 인에게 있어서 지는 구체성(concreteness)이요 천은 추상성(abstraction)이다. 그런데 이러한 논의에서 가장 중요한 것은 천·지·인이 모두 간(間)적이라는 것이다. 천과 지와 인이 서로서로 간(間)을 이루는 것이다. 천이라는 시간과 지라는 공간은 인이라는 인간과 분리될 수 없는 간(間)의 관계에 있다는 것이다. 천은 인과 지를 포섭하며, 인은 천과 지를 포섭하며, 지는 천과 인을 포섭한다.

시간과 공간은 임마누엘 칸트가 말했듯이 선천적 형식일 수가 없다. 칸트에 있어서는 인간 그 자체가 무시간적인 선험적 인간이었다. 칸트에 있어서 인은 천과 지를 선험적으로 구성하는 존재였다. 이것은 이성주의에 바탕을 둔 서구계몽주의적 인간관의 대전제였다. 그러나 기철학적 세계관에 있어서는 인간은 천지로부터 발현되는 존재이며, 또 동시에 천지는 인간으로부터 분리되는 객관적인 존재일 수가 없다. 인이 곧 천과 지를 포섭하는 간적인 인간(人間)인 것이다. 따라서 인간의 주관은 간주관(間主觀, intersubjectivity)적일 수밖에 없다.

임마누엘 칸트가 말하는 시간과 공간의 형식성

시간은 시의 간이며, 공간은 공의 간이며, 인간은 인의 간이다. 따라서 시(時)는 절대적인 시가 있을 수 없으며 간적인 시만 있을 수 있다. 공(空)은 절대적인 공이 있을 수 없으며 간적인 공만 있을 수 있다. 시와 공이 서로 분리될 수 없다는 것은 이미 현대물리학의 상대성이론이나 양자역학이 다 밝혀놓은 것이지만, 시와 공의 불가분성도 결국은 인간의 인식과 분리되어 논의될 수 없는 것이다. 시간도 결국 기(氣)의 간이며 공간도 기의 간이며, 인간도 기의 간이다. 삼간(三間)이 모두 기(氣)의 유행(流行)으로밖에는 설명될 길이 없는 것이다. 우리가 도시의 공간론을 이야기할 때도 이러한 삼간론(三間論)을 떠나서 이야기할 수 없다는 것은 너무도 명약관화한 것이다.

서양에서는 대체적으로 공간을 이야기할 때에 희랍의 플라토니즘(Platonism)이 대변하는 바대로 기하학적 공간을 의미하는 것이며 그것은 순수형상(Form)이며 곧 이성적인 것이다. 그것은 뉴튼의 절대공간론에까지 전승되어오는 서양의 전통이다. 그러한 공간은 인간외적인 것이며 절대적인 것이며 형상적인 것이다. 칸트에 있어서는 공간은 감성의 순수직관형식이며, 시간이 내감의 형식인데 반하여 외감의 형식이었다. 이러한 절대공간은 그것을 인식하는 인간 자체가 이성(Reason)이라고 하는 선험적 주체로서 설정되었기 때문에 가능한 것이다.

공간은 기의 배열에 따른 허와 실의 연속적 관계

그러나 우리의 전통이 말하는 바, 공간이라는 것은 시간과도 분리될 수 없는 것이며 인간과도 분리될 수 없는 간(間)적인 것이다. 따라서 현실적인 기의 유행을 떠나서 생각할 수 없는 것이다. 공간은 기하학적인 부피의 이상적 형식으로서 발생하는 것이 아니라, 시간과 인간이 포섭되는 현실적 간(間)으로서만 발생하는 것이다. 이러한 공간은 기(氣)의 배열에 따른 허(虛)와 실(實)의 연속적 관계일 뿐이며, 관념적인 형식이 아닌 인간의 삶이 이루어지는 시간적인 흐름이다. 공간의 공은 관념적인 진공(vacuum)이 아니라 기(氣)로 충만된 생명의 장(場)이며 시간과 인간, 그리고 기의 취산성(聚散性)을 지니는 모든 물체의 관계로서 특징지워지는 것이다. 우리의 선조들이 말하는 공간은 철저히 기적인 것이며, 관계적인 것이며, 생명적인 것이며, 시간적인 것이며, 인간을 포괄하는 모든 유기체의 삶이 이루어지는 필드인 것이다.

이러한 천·지·인의 삼간론은 인체라는 우주에 있어서는 『동의보감』(東醫寶鑑) 「내경편」(內景篇)에서 말하는 바, 정(精)·기(氣)·신(神)으로 표상되는 것이다. 이때 신(神)은 천(天)이며 상초(上焦)에 속하는 것이며, 기(氣)는 인(人)이며 중초(中焦)에 속하는 것이며, 정(精)은 지(地)며 하초(下焦)에 속하는 것이다. 신(神)과 정(精)은 혼(魂)과 백(魄)의 다른 이름일 뿐이다. 신(神)·혼(魂)은 하늘적인 것이요, 정(精)·백(魄)은 땅적인 것이다. 이 혼과 백이 합쳐져서 유기적 일체를 이루고 있는 상태가 곧 인(人)인 것이다. 그 인(人)을 기(氣)로서 파악한 것이며, 천지가 기화(氣化)되는 중초(中焦)로서 규정된 것이다.

『동의보감』의 삼초론과 서울의 공간배열

서울이라는 도시를 생각할 때, 이러한 상초적 개념에 부합하는 것이 주산(主山)인 백악(白岳)이며, 중초적 개념에 부합하

서울, 유교적 풍류의 미래도시

는 것이 본혈(本穴)에 해당되는 경복궁이며, 하초적 개념에 부합하는 것이 곧 개천(開川)인 청계천이다. 상초인 백악은 하늘의 기를 받는 수직적 공간성을 지니고 있으며, 하초인 청계천은 땅의 기를 운영하는 수평적 공간성을 지니고 있다. 그리고 이러한 규정성은 경복궁을 중심으로 좌묘우사(左廟右社)의 관계에 있어서도 동일하게 적용되는 것이다. 좌에 있는 종묘(宗廟)는 하늘적인 것이며 수직적인 것이다. 우에 있는 사직(社稷)은 땅적인 것이며 수평적인 것이다. 이러한 종묘의 상초와 사직의 하초가 갖추어질 때만이 경복궁은 중초로서 생명력을 가질 수 있는 것이다.

성곽의 의미

서울은 전형적인 성곽도시(城郭都市, Walled City)의 요소를 갖추고 있다. 그러나 중국의 성곽도시가 대체적으로 장방형인데 비하면, 입지의 자연형세를 활용한 원형이라는 특징이 있다. 그리고 성곽(城郭)의 개념도 엄격하게 군사적 목적을 위하여 축조된 것이라기 보다는 도시가 하나의 완정한 우주라는 제한성을 나타낸 것이며 그 속에 살고 있는 사람들의 법과 질서

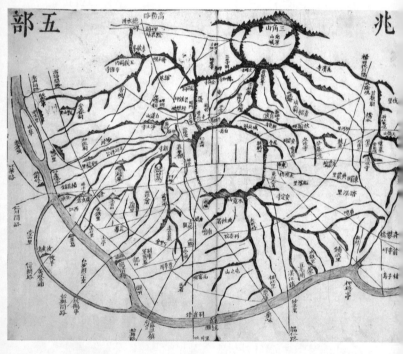

김정호(金正浩)의 경조오부도(京兆五部圖), 1860년대, 서울대 규장각 소장.
한성 근교의 지세와 청계천·중랑천·한강의 흐름이 잘 표현되었다.

서울, 유교적 풍류의 미래도시

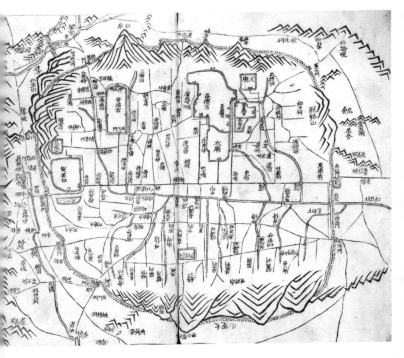

김정호의 도성도(都城圖), 1860년대, 서울대 규장각 소장. 서울의 거리모습과
청계천 다리가 잘 표시되었다.

유교적 풍류의 도시철학

를 위한 상징적 체계로서 존속하였던 것이다.

현재 우리가 살고 있는 서울은 고대도시 · 중세도시 · 자본주의도시 · 근대적 메트로폴리스의 모든 요소가 복합되어 있는 곳이며 시간적 성격의 분할이 불가능할 뿐만 아니라, 총체적 플랜에 의하여 치밀하게 구성되었다기 보다는 단핵(單核)적 집중의 밀도의 반작용으로 자연스럽게 확산되어나간 도시라고 말할 수 있다. 정도(定都) 6백년의 모든 단층이 공존하고 있다.

도시라는 유기체의 운명

도시도 하나의 생명체이다. 생명이라는 유기체가 탄생과 죽음이라는 필연적 운명을 거역할 수 없다면 도시도 탄생과 죽음이라는 희비의 드라마를 연출하지 않을 수 없는 것이다. 사멸해버린 문명과 더불어 폐허만 남긴 채 관광객의 발길만 끌고 있는 죽음의 도시를 우리는 이 지구상에서 얼마든지 발견할 수 있는 것이다. 소리(小里)에서 도시(都市)로, 도시에서 대도시(大都市)로, 대도시에서 거대도시(巨大都市)로, 거대도시에서 타락의 도시로, 타락의 도시에서 죽음의 도시로, 도시는 생멸의 싸이클을 어김없이 밟는 것이다. 서울도 이러한 싸이클의 통시적 일환에 놓여있다. 그러나 도시의 생멸의 싸이클과 문명의 생멸의 싸이클은 반드시 일치하지 않는다. 도시는 멸해도 문명은 지속될 수도 있고, 문명은 멸해도 도시는 지속될 수 있다. 이런 문제를 생각할 때 가장 핵심적 함수는 "문화"라는 것이다.

문명과 문화

문명(文明)은 "어둠"에 대한 "밝음"이다. 밝음을 지속시키는 인간공동체를 우리는 문명이라고 부르는 것이다. 그러나 이 문명의 지속은 문화(文化)가 없이는 불가능한 것이다. 문화란 변화(變化)요, 전화(轉化)의 끊임없는 계기다. 우리는 고려조로부터, 조선조를 거쳐, 일제시대를 지나, 대한민국에 이르기까지, 서울이 끊임없는 문명의 생멸의 싸이클에도 불구하고 지속되어 온 유기체라는 것을 알 수 있다. 조선왕조문명은 사멸했어도 서울이라는 도시는 그 문명과 더불어 사멸치 않고 지속되었던 것이다. 서울은 조선왕조문명으로부터 유적과 문화를 그 유산으로 전승하였던 것이다.

고려조의 서울은 소리(小里)였다. 그리고 이태조가 정도하면서부터 서울은 한양(漢陽)에서 한성(漢城)으로 그 모습을 바꾸었고, 소리(小里, Eopolis)에서 도읍(都邑, Polis)으로 그 패러다임의 변화를 이룩하였다. 일제시대로부터 박정희유신시대에 이르기까지 강남 등지가 대규모 개발되면서 대도시(大都市, Metropolis)로 변화하였고, 유신시대로부터 오늘에 이르기까지 분당, 일산, 평촌, 산본 등지의 위성도시가 개발되면서 세계굴지의 거대도시(巨大都市, Megalopolis)로 격변하였던 것이다. 이제 서울이라는 메갈로폴리스에 기대할 수 있는 운명이란 과연 무엇일까? 타락의 도시, 죽음의 도시(死者都市, Necropolis)라는 종말만 기다리고 있는 것일까?

도시의 싸이클과 문명의 싸이클

　도시의 생멸의 싸이클은 우리의 몸(Individual Mom)과도 같은 단일한 유기체의 생멸의 싸이클과는 보다 복합적인 다차원적인 성격을 갖는 것이다. 한 도시에서 단일한 문명의 싸이클만 존속하는 것은 아니다. 통시적으로 다른 주기를 갖는 다양한 문명의 싸이클이 공시적으로 존재할 수 있는 것이다. 따라서 다른 문명의 부분적 유입이 도시의 새로운 생명력으로 활동의 장(場)을 펼칠 수도 있는 것이다. 이러한 새로운 생명력의 끊임없는 유입이야말로 도시의 생명을 지속시키는 가장 중요한 요소이다. 이것을 나는 문화(文化)라고 부르고 있는 것이다. 문화는 변화(變化)요, 전화(轉化)다. 그러나 이 변화·전화는 반드시 생명에로의 화(化)를 의미하는 것이요, 죽음에로의 화(化)를 의미하지 않는다. 그리고 문화는 다양한 문명의 생멸에도 불구하고 지속되어 전승될 수 있으며 새로운 복합체를 형성할 수도 있다. 조선조의 공예가구는 더 이상 우리의 삶 속에서 효용가치를 잃어버린 죽은 문명의 산물일 수 있지만, 그 속에 담긴 문화(文化)는 21세기 디자인산업의 새로운 생명력이 될 수도 있는 것이다.

확대의 논리와 제한의 논리

서울이라는 도시의 최대의 비극적 요소는 그 발전과정이 거의 무제약적인 물리적 팽창의 과정이었다는 데 있다. 그리고 그러한 물리적 팽창의 과정은 단핵적 구심력에 대한 반동으로서의 원심력으로 기술되는 것이다. 정도전은 오행의 원리에 의

하여 서울이라는 미래도시에 우선 성(城)부터 쌓았다. 이 도성이 상징하는 것은 서울이라는 도시에 대한 제한성을 의미하는 것이다.

확대의 논리에는 반드시 제한의 논리가 필요하다. 서울이라는 도시가 끊임없이 물리적으로 직선적인 팽창을 계속해왔다고 한다면 그 팽창에 대한 새로운 질서를 부여하는 제한의 원리는 절대적으로 필요한 것이다. 그러나 서울은 팽창의 논리만 생각했지 제한의 논리를 생각치 않았다. 피렌체(Firenze)가 건물의 고도와 색깔을 제한하여 고도(古都)의 특수성을 유지하는 것과도 같은 여러 방식의 제한성은 모든 도시의 필연적 요소로 반영되어 있는 것이다. 용적률의 제한, 대지의 소유범위 제한, 수평적 범위의 제한, 교통의 제한, 공적 공간(public space)과 사적 공간(private space)의 비율의 제한…… 이러한 모든 제한성은 도시의 원리로서 반드시 존중되어야 할 가치인 것이다.

단핵과 다핵, 무위와 유위

그리고 서울에 대한 인식에 있어서 가장 비극적인 사실은 단핵적 집중의 원리에 많은 사람들이 집착되어 있다는 것이다. 그러나 서울은 이미 단핵적 도시가 아니다. 그것은 이미 여러 구심점을 갖는 다핵적 도시며, 그것은 지역별로 기능별로 분화되는 여러 삶의 센타들이 존재한다는 것을 의미하는 것이다. 청계천복원과 더불어, 청계고가도로가 무화(無化)되어버린다는 사실은 바로 단핵적 집중의 상징체가 무화되어버리는 것으로 이해되어야 마땅하다. 우리는 이제 집중에 의한 통일만을 생각할 것이 아니라, 분배에 의한 통일을 생각해야 한다.

청계천복원의 궁극적 의미는 바로 이렇게 다원화된 유위(有爲)의 핵(核)들에 대하여 무위(無爲)의 핵을 설정한다는 데 있다. 무위(無爲)의 도시학적 의미는 허(虛)다. 비울 수 있는 데까지 비우는 것이다. 노자가 말하는 다음의 금언에 한번 귀를 기울여 보자.

三十輻共一轂, 當其無, 有車之用。
서른 개의 바퀴살이 하나의 바퀴통으로 모인다.
그 바퀴통 속의 빔에 수레의 쓰임이 있다.

진시황의 무덤에서 최근 발견된 수레의 현실적 바퀴의 모습은 30개의 바퀴살(輻, spokes)을 지니고 있다. 이 30개의 바퀴살이 중심으로 모여 박히는 곳이 바퀴의 중심원을 이루는 바퀴통(轂, hub)이다. 그러나 이 바퀴통은 반드시 비어있어야 한다는 것이다. 나는 서울의 사대문안은 바로 이러한 바퀴통의 빔의 역할을 수행할 때만이 서울, 더 나아가서는 대한민국이라는 수레바퀴의 기능이 보장될 수 있다고 생각하는 것이다. 허브(hub)의 빔은 죽음의 빔이 아니라, 모든 유위적 바퀴살에 끊임없는 생명력을 부여하는 무위적 빔이다. 사대문안을 무위화시킨다고 하는 거대한 비전이 없이, 청계천복원을 또 하나의 개발의 논리로 생각한다면 그것은 메갈로폴리스를 네크로폴리스로 만드는 죽음의 길만 재촉하는 짓이다. 사대문안을 무위화시킨다고 하는 것의 일례가 곧 차중심의 도시에서 사람중심의 도시로 변화시키는 것을 의미하는 것이다. 차타고 다니는 도시에서 걸어 다니는 도시로! 그리고 고궁의 옛 모습과 청계천이 복원되며 녹지대 등의 공적 공간이 증가하며, 건물의 고도와 용적률이 절대적으로 제한되며, 삶의 문화가 고도의 유기체적 조화를 형성하는 도시! 이러한 도시의 지향성은 과거의 도시가 물리적 연결의 통로를 중심으로 성립한 것이었다고 한다면,

21세기 정보의 시대에 있어서는 그 네트워크가 전자기장·인 터넷 등을 중심으로 하는 것이기에 충분히 가능한 것이다. 21 세기의 기술혁명은 기계적 기술에서 생명적 기술로 그 패러다 임이 전환되고 있는 것이다. 이러한 생명적 패러다임을 나는 "유교적 풍류"라고 부르고 있는 것이다.

풍류와 노래와 음식가무

풍류(風流)란 무엇인가? 그것은 바람(風)이요, 흐름(流)이 다. 인간은 기(氣)적인 존재이다. 인간은 기의 취산(聚散)의 묘 합(妙合)이다. 인간이 기적 존재라고 말한다면, 우주도 또한 기 적 존재이다. 인간은 바로 우주의 모든 가능성을 구현하는 기 적 존재인 것이다. 바람이란 기의 바람이요, 흐름이란 바로 기 의 흐름인 것이다. 바람이란 곧 기의 흐름인 것이다. 바람과 흐 름은 일체의 양면과도 같은 것이다.

바람이란 단순히 기압의 차이로 생겨나는 공기의 흐름으로 이해될 수 있는 것이 아니다. 고대인들은 바람을 우주적 기운 의 생명적 표출로 이해했다. 바람은 정체를 거부하는 생명의 흐름이다. 고대인들은 인간의 언어도 예술도 종교도 모두 바람으로 이해했다. 그것은 모두 내 몸이라는 대지에서 일어나는 바람의 현상인 것이다. 이 바람을 고대인들은 "신바람"이라 표현했고, "신명"(神明)이라 표현했다. 나의 몸에서 신바람이 느껴질 때만이 인간은 신명이 나고, 흥과 멋이 생겨난다. 이 신바람의 원시적 표출이 바로 "노래"라는 것이다. 황하문명의 최고 경전이라 할 수 있는 『시경』(詩經)에서는 노래, 특히 민요를 "바람"이라 일컬었다. 주나라 제후국들의 민요를 "국풍"(國風)이라 불렀던 것이다. 『위지동이전』(魏志東夷傳)에도 우리민족의 특질을 표현하여 "음식가무"(飲食歌舞)의 민족이라 했는데, 그것은 곧 "술마시고, 잘먹고, 노래부르고, 춤추기"를 좋아하는 민족이라는 것이다. 21세기 우리민족의 삶의 문화의 대세는 아직도 이 『위지동이전』에서 규정한 "음식가무"의 네 글자를 떠나지 않는다. 한국인은 모였다 하면 꼭 먹어야하고, 술도 같이 마셔야하며, 더 중요한 것은 반드시 노래방을 가서래도 노래를 불러야하며, 춤추면서 한판이 끝나야 하는 것이다.

서울, 유교적 풍류의 미래도시

최치원 『난랑비서』의 현묘지도

신라의 최치원(崔致遠, 857~?)은 『난랑비서』(鸞郞碑序)에서 우리나라에 유교·도교·불교가 들어오기 이전에 이미 원래 현묘한 도(玄妙之道)가 있었다고 했고, 그것을 일컬어 풍류(風流)라 한다고 했는데, 이것은 바로 우리민족의 정신적 원류가 이 풍류라는 한마디로 요약되는 것임을 말해주는 것이다. 최치원은 풍류야말로 유·불·도의 삼교(三敎)를 포함(包含)한 것이었으며, 그 풍류의 터전 위에서 유·불·도가 모두 흡수·발전된 것이라고 주장했다. 풍류야말로 군생(群生)을 접화(接化)시키는 근원이었다는 것이다. 여기서 접(接)이란 군생이 "신바람"에 접하는 것이다. 화(化)란 곧 문화의 화인 것이다. 즉 생명적 교화를 의미하는 것이다.

나는 서울을 풍류(風流)의 도시로 만들어야 한다고 생각한다. 살면 신바람이 나는 도시, 정체성(停滯性)이 없는 신명의 흐름을 느끼는 도시로 만들어야 한다고 생각한다. 한민족은 신바람이 없이는 살 수가 없는 민족인 것이다.

유교적 풍류의 도시철학

풍류와 대구를 이루는 것이 유교라는 것이다. 풍류가 신바람을 의미한다면 유교는 도덕과 절제를 의미한다. 풍류적 낭만과 유교적 절제가 조화되는 도시, 그것이 바로 한성에 정도한 개국공신들의 공통된 꿈이었다.

월스트리트와 브로드웨이

나는 지금도 구한말에 볼 수 있었던 한성의 모습, 남대문과 광화문이 우뚝 솟아 보이고 종로변으로 초가집이 다닥다닥 붙어있었던 그러한 서울의 모습이 복원되었으면 좋겠다. 그리고 청사초롱 불켜진 골목에서 여기저기 풍악이 울리는 곳, 공해 한점 없는 그런 도시가 되었으면 좋겠다. 이것은 로만티스트 도올의 백일몽이련가? 결코 그렇지만은 않다! 뉴욕의 월스트리트 경쟁력도 브로드웨이 예술의 바탕이 없이는 불가능한 것이다. 월스트리트의 경쟁력을 만들어가는 인재들이 브로드웨이의 풍류가 없으면 뉴욕으로 모여들 까닭이 없다. 문화적 기저가 없는 도시는 경쟁력을 상실할 수밖에 없다. 그렇다고 우리의 브로드웨이는 맨해튼의 브로드웨이를 흉내내는 것만으로 이루어질 수는 없는 것이다. 문명의 총체적 패러다임의 변화가

서울, 유교적 풍류의 미래도시

도래해야 하는 것이다. 세계도시문명의 새로운 장을 열 수 있는 길은 바로 사대문안을 옛모습으로 바꾸는 것이다. 21세기 유교적 풍류의 새로운 장으로 !

소외와 자유에서 건강과 협동으로

산업화시대의 도시는 "소외"와 "자유"라는 이름으로 특징지워지는 것이었다. 농촌공동체의 유명성(有名性)의 구속에 대하여 도시의 무명성(無名性)·익명성(匿名性)이야말로 자유의 축복이었다. 세속도시(Secular City)의 소외야말로 새로운 신의 축복이었다. 그러나 이러한 축복은 오늘날 이유없는 아동들의 총기난사, 9·11 테러사건, 버지니아 저격사건 등의 끔찍한 도시범죄들이 대변해주듯이 신의 저주로 전락하고 만 것이다. 자유와 방종의 종착역은 죽음일 뿐이다. 내가 말하는 유교적 풍류의 도시미학은 소외와 자유를, 건강과 협동으로 전환시키는 것이다. 자유(Liberty)와 평등(Equality)이 20세기 인류역사의 가치의 대세였다고 한다면 그것은 이제 건강(Health)이라는 새로운 가치로 대치되어야 한다. 이제 인류사회의 도시는 "자유로운 도시"에서 "건강한 도시"로 그 가치관의 변모가 이룩

되어야 한다.

유위의 죄악은 유위적으로 무위화시키는 수밖에 없다

건강은 중용을 전제로 하는 것이다. 도시의 중용이란 확산과
제한의 동적 평형(Dynamic Equilibrium)이며 그러한 동적 평
형은 반드시 도시의 허(虛)를 확대화(Maximization of
Emptiness)시키는 방향으로 유도되어야 한다. 청계천복원은
단순히 고도의 옛모습을 복원하는 토목공사라는 로칼한 차원
의 사건이 아니라 우리민족역사의 새로운 장을 여는 패러다임
의 전환으로서 이해되어야 한다. 그것은 곧 도시의 물리적 형
태의 전환이 아니라, 우리 삶의 가치의 양상의 전환이며, 그것
은 정치 · 경제 · 사회 등 모든 분야의 정책의 변환을 예고하는
것이다. 유위의 죄악은 유위적으로 무위화(無爲化)시키는 수
밖에 없다. 유위의 부작용은 또 다시 유위를 활용하여 무위의
방향으로 제거시키는 수밖에 없는 것이다.

인류사회는 지난 3세기 동안 기계문명으로부터 너무도 많은
복락을 누려왔다. 그리고 기계문명의 가능성은 자연에 대한 무

제한적인 착취를 전제로 한 것이었다. 그러나 이제 이러한 무제약적인 발전은 인간의 삶의 목표를 왜곡시키고, 인간의 공동체와 그 환경의 존립 자체를 위협하는 지경에 이르렀다. 인간의 복락이 인간을 소외시키는 아이러니의 미궁으로 우리는 점점 빠져들어가고 있는 것이다. 도시의 모습은 곧 우리문명의 모습이며 우리 삶의 모습이다.

풍류와 유교를 통합하는 개념이 곧 인(仁)

풍류적 낭만과 유교적 도덕을 통합하는 개념이 곧 인(仁)이라는 것이다. 유교적 풍류의 지고한 이상은 곧 인(仁)이라는 덕목을 달성하는 것이다. 인이란 도덕적 자비를 의미하는 것이 아니라, 심미적 감성(Aesthetic Sensibility)을 의미하는 것이다. 심미적 감성이 살아있으면 도덕적 덕목은 자연스럽게 구현되는 것이다. 우리 삶의 지고의 목표는 물리적 풍요에 있는 것이 아니라 심미적 감성의 쾌적에 있는 것이다.

나의 유교적 풍류의 도시철학의 최종적 결론은 이러하다. 서울은 인(仁)한 도시가 되어야 한다. 아픔을 느낄 줄 아는 살아

있는 도시가 되어야 한다. 모든 인간을 감성적으로 쾌적하게 만들어주는 생명의 마당이 되어야 한다. 불인(不仁)하고 잔인한 죽음의 도시에서 인(仁)과 미(美)의 생명의 도시로! 그것은 문명에 대한 반문명(反文明)이며, 죽어가는 문명을 되살리는 새로운 문화(文化)의 활력이다.

(2003년 5월 12일)

성북동에 남아있는 서울도성

서울, 유교적 풍류의 미래도시

청계천의 본명은 開川, 반드시 열려야 한다

이것은 『문화일보』 2003년 4월 28일(월)에 실렸던 글이다. 청계천이 복원되어야 하는 당위성을 풍수지리학적으로 치밀하게 논구하였다. 풍수(風水)에 대한 우리의 통념을 깨는 매우 명쾌한 글이다. 풍수가 옛사람들의 비과학적·미신적 논의가 아니라 그들의 유기체론적 환경인식을 나타내는 기철학적 우주론의 소산임을 잘 말해주고 있다. 혈과 명당, 그리고 좌청룡·우백호를 여체(女體)에 비유한 도올의 설명방식은 우리로 하여금 그 정곡에 쉽게 접근할 수 있도록 이해를 도와준다. 서울이라는 땅의 역사에 대한 정론이다.

37

"서울"이라는 명칭의 유래

　지금 우리가 살고 있는 나라, 대한민국의 수도를 "서울"이라
고 부르기 시작한 것은 정확하게 1946년 8월 15일 이후의 일이
다(광복1주년 『서울시헌장』). 서울이라는 이름이 옛 신라의 국
호, 서벌(徐伐)·서라벌(徐羅伐)에서 유래된 것이라는 데는 사
계의 이론(異論)이 없으나 막상 서울이 무엇을 의미하는지 그
어원에 관해서는 이론이 분분하다.

　조선개국초기에 도성을 축조하는데 그 주위규모를 결정하기
어려워 고심하던 중, 어느날 아침에 깨어보니 밤사이에 눈이
내렸는데 현 도성의 울안은 눈이 녹고, 그 밖에는 하이얀 눈이
줄을 그은 듯 남아있어, 분명 하늘의 깨우침이라 믿고 그 선을
따라 도성을 쌓았다고 한다. 그래서 도성을 눈 울타리, 설울(雪

城)이라 불렀고 이 말이 와전되어 "서울"이 되었다는 재미있는
설조차 있다. 서(라)벌은 석가모니의 왕도인 슈라바스티
(Śrāvastī)를 현장(玄奘)이 "실라벌"(室羅筏)로 음역한 것과 어
원적으로 매우 밀접한 관계가 있다고 나는 생각하지만 우리나
라의 사학자들은 이러한 설을 취하지 않는다. 대체적으로 "서"
는 솟터의 "솟"과 관계가 있고, "울"은 들을 의미하는 "벌"과
관계가 있다고 본다. 서울은 상읍(上邑), 수읍(首邑)을 의미하
는 일반명사로서 옛부터 전해내려온 말이라는 것이다. 그러나
하여튼 지금 우리가 알고 있는 서울을 "서울"이라 부른 것은
일제로부터 해방된 이후의 사건인 것이다.

서울 · 경성(京城) · 한성(漢城) · 한양(漢陽)

"서울" 이전의 서울은 경성부(京城府, 케이죠오후)였다. 물론
일제가 우리나라를 합방한 경술국치(庚戌國恥, 1910. 8. 29.) 한
달 이후의 일이다. 그리고 경성부 이전에 서울의 공식명칭은
한성부(漢城府)였다. 그러니까 한성부라는 명칭은 이성계가
고려의 왕도인 개성(開城)에 정을 붙일 수가 없어 신도궁궐조
성도감(新都宮闕造成都監)을 설치하고 천도를 감행한 후, 태

조 4년(1395) 6월 6일자로 선포한 서울의 이름이다. 그러니까 한성부라는 이름이야말로 515년간 변함없이 유지되었던 가장 오래된 서울의 공식명칭이었다. 서울시장에 해당되는 판한성부사(判漢城府事)는 육조판서가 종2품인데 그 보다 한 격이 높은 정2품 벼슬이었다. 그만큼 치세에 있어서 한성부의 위치가 높았다.(왕권이 강화되면서 후에 판서도 정2품으로 승격되었다.) "영의정보다 한성판윤 내기가 더 어렵다"는 옛말도 있거니와 그만큼 편파성이 없는 공정한 인물이어야 했고, 외가 3대까지 그 지체를 살폈다.

한성부 이전의 명칭은 한양(漢陽)이었다. 한양은 고려조에서는 수도(中京)인 개성, 서경(西京)인 평양, 동경(東京)인 경주와 함께 4대도시로서 이름이 높았다. 고려 11대 문종은 22년(1068)에 한양에 이궁(離宮)을 짓고 그 별명을 남경(南京)이라 했던 것이다. 15대 숙종 때는 남경천도론까지 대두했으며, 동쪽의 대봉(大峰, 낙산), 남쪽의 사리(沙里, 용산), 서쪽의 기봉(岐峰, 안산), 북쪽의 면악(面嶽, 북악)에 이르는 지금의 서울도심구역의 대강을 확립하고 신궁(新宮)을 대거 증축했다. 그리고 우왕(禑王)과 공양왕(恭讓王) 때는 짧은 기간이었지만 국운

41

이 쇠하고 도참설이 홍하면서 일시적인 천도가 단행된 사실이
있다. 그러나 한양을 국도로 전립(奠立)한 것은 태조 이성계였
다.

계룡산 신도안이 최초의 도읍지

응봉(鷹峰)·암사동(岩沙洞)의 선사 주거지가 말해주듯이
태고적부터 집단주거지였음이 분명하고, 초기 백제의 수도(慰
禮城)였으며 그 뒤로 계속 병참기지로서의 중요성이 부각되었
던 서울, 이 곳을 이성계가 도읍지로서 굳이 고집했던 이유는
무엇일까? 태조의 청탁을 받은 무학대사가 지금의 왕십리지역
에 도달했을 때 땅을 파보니 "예서 10리를 더 가라(往十里)"라
고 쓴 지석이 나왔다는 전설을 액면 그대로 믿을 것인가? 태조
에게 제일 먼저 권유된 도읍지는 그 유명한 계룡산 신도안(新
都內)이었다. 태조 2년 1월 18일 태조는 개성을 출발하여 21일
회암사에 들러 무학대사를 동반하고, 2월 8일 계룡산에 당도,
산하의 형세를 살핀 다음, 이곳을 도읍터로 골라잡고 3월부터
공사를 시작하여 그해 12월까지 10개월동안 축성공사를 강행
한다. 그러나 이 공사를 중단시킨 것은 도참에 조예가 깊은 하

류(河崙)이었다: "산이 건방(서북방)으로부터 뻗쳤고 물은 손방(동남방)으로 빠져나갔으니(山自乾來, 水流巽去), 이는 수파장생(水破長生)·쇠패립지(衰敗立至)의 땅이래서 건도에 적합치 못합니다(不宜建都)."

이는 풍수론에 있어서 물흐름의 방위의 길흉(吉凶)이 거꾸로 되어있음을 지적한 것인데, 그 논의의 타당성을 떠나, 이 지역은 계룡산의 명당(明堂)면적이 한 나라의 수도가 들어앉기에는 너무 협애하며, 지리적으로도 남쪽에 치우쳐 한반도 도리(道里)의 균형을 얻지 못한 곳이며, 해안으로부터 거리가 멀고, 대하(大河)가 없어 수송과 용수(用水)가 불편한 곳임에는 틀림이 없었다.

하륜의 무악주산론과 정도전의 북악주산론

하륜(河崙)은 무악주산론(毋岳主山論)을 들고 나왔다. 이는 또한 북악주산론(北岳主山論)과 대립케되어 조선조초기의 최대 풍수지리논쟁을 유발시킨다.

청계천의 본명은 開川, 반드시 열려야 한다

지금 우리는 우리가 살고 있는 땅을 너무 서양과학적 관점에서 인식한다. 서양과학은 땅을 동질적인 구역(homogeneous region)으로 설정하고 단순한 기하학적 형상(geometrical forms)이나 지질학적 성분(geological components)에 따라 지도를 그려나간다. 그러나 우리조상들은 땅을 반드시 천지코스몰로지(Tiandi Cosmology, 天地宇宙論)적인 가치체계속에서

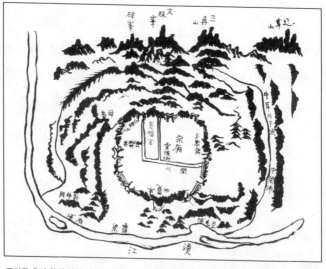

조선조 초기 한성 건도 계획도. 종묘, 사직, 경복궁, 개천(청계천), 운종가(雲從街: 종로), 그리고 낙타산, 인왕산, 무악, 목멱산, 삼각산, 중랑천, 한강의 대략이 명료하게 드러나 있다. 진흥왕 순수비가 있었던 비봉도 표시되어 있다.

서울의 주산, 백악

파악하였고 그 구체적인 인식은 산수(山水)라는 말로 표현되었던 것이다. 땅의 다른 이름이 산수(山水)이니, 산수란 곧 산과 물을 일컫는 것이다. 산이란 땅의 양(陽)이요, 물은 땅의 음(陰)이다. 동정론(動靜論)으로 말하자면, 정(靜)한 산을 음으로 항상 동(動)하는 물을 양으로 파악할 수도 있다. 산이 있기 때문에 계곡의 물이 있을 수 있는 것이요, 계곡의 물이 있기때문에만 산이 산이 될 수 있는 것이다. 서양과학적 땅인식에 있어서는 산맥의 흐름이 지질학적 연속성에 따라 물을 건너뛰어 연접될 수가 있지만, 고산자 김정호의『대동여지도』를 보면 아무리 미세한 물길이라도 산은 그것을 무시하고 연접될 수가 없다. 산은 반드시 물길과의 관계에서만 파악되는 그 무엇인 것이다.

산수와 풍수

산세의 흐름도 그 기준이 되는 것은 산봉우리의 고하가 아니다. 아무리 낮은 구릉이라도 물길과의 관련에서 인식되는 산세의 흐름이라면 동일한 자격을 지니는 맥으로 나타난다. 낮은 구릉이라해서 높은 산봉우리에 비해 무시되는 농단이 없다. 이러한 산수는 반드시 인간의 삶의 공간(Lebensraum)이라는 어떤 생명적 기의 흐름과 깊게 연계되어 있다. 서양인들이 자연을 인간에게 종속되는 물리적인 것으로 파악했다면, 우리조상들은 자연과 인간을 모두 동일한 생명체로 파악했다. 자연도 산수라면 인간도 산수인 것이다. 이 산수의 다른 이름이 소위 풍수(風水)라는 것이다.

풍이란 물론 산의 형세에 따라 형성되는 기의 흐름이다. 그런데 바람이 항상 세차게 부는 곳에서는 지기(地氣)가 흩어져 사람의 삶이 영위되기 어렵다. 사람으로 치면 안온한 느낌이 없고 항상 감기 걸리기 쉬운 것이다. 바람을 끌어모아 안온하게 간직하는 산의 형세, 이것을 보통 장풍(藏風)이라 부른다. 그리고 이 장풍은 반드시 물의 흐름과 관련이 있다. 이 물의 흐름을 득수(得水)라 한다. 풍수란 곧 장풍득수(藏風得水)의 줄임말이라해도 과언이 아니다.

위기영혈론과 정혈법

천지코스몰로지로 말하자면, 풍(風)은 하늘(天)이요, 수(水)는 땅(地)이다. 이를 다시 인체에서 말하자면, 풍은 기(氣)가 되고, 수는 혈(血)이 된다. 한의학의 인체관은 바로 천지코스몰로지적인 기혈론(氣血論)으로 요약되는 것이다. 기는 또다시 위(衛)라 하고, 혈은 영(營)이라 한다. 기는 인체를 외부의 한사로부터 보위하며 혈은 인체의 내부를 운영하는 것이다. 이것이 바로 위기영혈론(衛氣營血論)이다. 그런데 이 기혈의 흐름은 경락상의 혈(穴)로 표현되는 것이다. 이 혈을 잡는 것을 풍수론에서는 정혈법(定穴法)이라 하는 것이다.

청계천의 본명은 開川, 반드시 열려야 한다

그런데 이 정혈을 제대로 하기 위해서는 산세의 형국(形局)이나 좌향(坐向)을 잘 알아야 한다. 풍수에서는 산을 용(龍)이라 부른다. 그러나 용의 외면적 형상만을 파악하는 것은 제대로 된 간룡법(看龍法)이 아니다. 살아있는 용을 제대로 보기 위해서는 그 속에 흐르는 맥(脈)을 알아야 한다. 그 맥은 용의 피인 물의 흐름과 깊은 관련이 있다. 풍수는 이와같이 서로 엉켜 있다.

노자가 말하는 현빈지문, 페미니즘의 근원

정혈(定穴)의 핵심은 무엇인가? 우리는 우선 인체에 있어서 어떤 혈이 가장 중요한 혈인가를 알아야 한다. 인체에는 정수리의 백회(百會)혈로부터 엄지발가락 끝의 대돈(大敦)혈에 이르기까지 365개의 혈이 있다고 하지만, 혈중의 혈, 혈의 왕중왕은 이 모든 혈을 뛰어넘는 명백한 구멍, 그 하나가 있으니 그것이 곧 여체의 질구(膣口)라는 것이다. 그것은 곧 자궁(子宮)으로 들어가는 길문이요, 천지생성의 근원인 것이다. 『노자』6장에 "계곡의 신은 죽지 않는다(谷神不死). 이를 일컬어 현묘한 어미라 한다(是謂玄牝). 현묘한 어미의 문, 이것을 일컬어 하늘과 땅의 뿌리라 한다(玄牝之門, 是謂天地根。)"했는데, 여기서 말하는 현빈지문(玄牝之門)은 곧 여성의 질구를 말하는 것이요, 풍수의 정혈법이란 바로 이 현빈지문을 찾는 것이다. 풍수는 바로 도가사상적 페미니즘(Taoistic Feminism)의 천지론적 표현이다. 현빈지문을 찾아야 음양의 교합이 가능해지고 천지의 생성이 시작되는 것이다.

그런데 여성의 질구는 어떻게 찾는가? 그 가장 손쉬운 방법은 클리토리스(Clitoris)라고 하는 음핵(陰核)을 더듬는 것이다. 이 음핵의 바로 하부에는 반드시 질구(Vaginal orifice)가 위치하고 있기 때문이다. 남자의 음경(陰莖, Penis)과 상동기관인 이 음핵이야말로 저기 저 멀리있는 머리, 우뚝솟은 코, 그리고 거대하게 솟은 유방을 거쳐, 평평한 복부를 지나 깔대기 같이 생긴 음모의 형국으로 모아지고 있는, 여체라는 대지의 기세가 한곳으로 집중하여 뻗치는 위대한 용트름의 표상인 것이다. 이 음핵을 풍수에서는 주산(主山)이라고 부른다. 이곳이야말로 입수(入首)하는 곳이니, 곧 용이 대가리를 들이미는 곳이다.

49

좌청룡 · 우백호란 무엇인가?

여자의 성기를 살피면 반드시 음핵양옆으로 음순(陰脣, Labium)이 있어 요도구와 질구를 양날개처럼 감싸고 있다. 이 음순을 풍수에서는 좌청룡(左靑龍) · 우백호(右白虎)라 표현하는 것이다. 음순에도 안쪽으로 좀 날카로운 소음순(Labium minus)이 있고, 밖으로 두툼한 대음순(Labium majus)이 있듯이, 때에 따라서는 내백호 · 외백호가 있고 내청룡 · 외청룡이 있다. 주산은 대개 북에 위치함으로 현무(玄武)라 볼 수 있고, 그 뒤로는 주산의 맥을 떠받치고 있는 거대한 준령인 조산(祖山)이 있다. 조산은 또 태조산(太祖山) · 중조산(中祖山) · 근조산(近祖山)으로 나뉘어 논의되기도 한다. 그리고 이 주산의 밑에는 혈이 있고 그 혈앞에는 반드시 넓찍한 뜰이 있으니 그 뜰을 명당(明堂)이라 부르는 것이다. 우리의 일상용어에서는 명당이 혈 그자체와 혼동되어 쓰이고 있으나, 명당은 본시, 근정전을 혈이라 한다면, 그 앞에 품계석(品階石)이 도열되어 만조백관(滿朝百官)이 배하(拜賀)하고 의정(議政)하는 뜨락을 가리키는 것이다. 이 명당(明堂) 건너에는 주산(主山)을 마주보고

50

북한산성과 서울의 조산, 삼각산

청계천의 본명은 開川, 반드시 열려야 한다

있는 산이 있으니 보통 팔꿈치를 기대는 낮은 책상의 형상이라 하여 안산(案山)이라 부른다. 이것이야말로 주작(朱雀)인 셈이다. 이 안산의 밖으로 외명당이 펼쳐지고 그 밖에는 다시 조산(祖山)과 짝을 이루는 객산(客山)인 조산(朝山)이 있다. 이 조산이라는 말은 임금인 주산(主山)에게 조대(朝對)하여 신하의 예를 갖춘다는 의미다.

조산(祖山)과 조산(朝山)

자아~ 서울을 한번 보자! 주산(主山)은 명백하게 청와대 뒷켠에 삼각형으로 우뚝 솟아있는 백악(白岳)이다. 백악의 모습이 피라밑 삼각형이래서 이를 삼각산으로 잘못 알기쉬우나, 삼각산이란 그 뒤에 있는 조산(祖山)으로 북한산정에 솟아 있는 세 봉우리, 만경대·백운대·인수봉을 일컫는 것이다. 삼각이란 삼각형(triangle)의 의미가 아니고, 세개의 뿔(tri-horns)이라는 의미다.

그리고 이 주산의 양옆으로 좌청룡에 해당되는 것이 동숭동 옛 서울대 뒷켠의 낙타모양의 낙산(駱山)이요, 우백호에 해당되는 것이 인왕산(仁旺山), 혹은 그 건너에 있는 말안장 모양의

서울, 유교적 풍류의 미래도시

안산(鞍山)이다(사람에 따라 비정하는 설이 다르다). 그리고 주산을 마주보고 있는 안산(案山)이 우리가 남산(南山)이라고 부르는 목멱산(木覓山)이다. 그리고 안산을 저 멀리서 떠받치고 있는 조산(朝山)이 관악(冠岳)이다. 혹자는 풍수를 그랜드 스케일로 확대하여, 주산을 삼각산(三角山)으로 보고, 조산(祖山)을 함경도 백두산, 외청룡을 강원도 금강산, 외백호를 황해도 구월산, 그리고 조산(朝山)을 제주도 한라산으로 보기도 하나, 그것은 백두대간의 대세를 논한 것이요 지극히 관념적인 혈세(穴勢)라 할 것이다.

서출동류하는 명당수

그리고 이 한성의 내명당을 흐르는 명당수가 바로 청계천이라는 것이다. 이 청계천은 조선의 하천이 모두 동출서류(東出西流)하는데 반해 서출동류(西出東流)하는 역수(逆數)를 구현하고 있으니 천하의 으뜸가는 명당수인 것이다. 이 청계천은 동류하여, 수락산·도봉산과 우이의 계곡으로부터 발원하여 도도히 남진하는 중랑천(中浪川, 中梁川)과 현 한양대 동편에서 합류하여, 한강으로 흘러들어간다. 한강은 또 다시 서울의

청계천의 본명은 開川, 반드시 열려야 한다

복개되기 직전, 광교에서 바라본 추억서린 천변풍경(川邊風景), 『서울 육백년』의 저자,
김영상(金永上)선생의 사진작품.

외명당을 감싸도는 객수(客水)로서, 한양을 북으로 환포(環抱)
하여 남을 지나 다시 북서진(北西進) 입해(入海)하는 일대 곡
류하천(曲流下川)이다. 이렇게 보면 서울은 풍수지리적으로
볼 때, 천지생성의 모든 조건을 갖춘 명당중의 명당임을 알 수
있는데, 계룡산을 장풍국(藏風局)이라 한다면 서울은 역시 득
수국(得水局)이라 할 것이다. 이성계의 눈에는 답답한 계룡의
장풍국이 개경을 연상시켰고, 그보다는 광활하게 트인 서울의

득수국에서 새로운 조선의 국면을 감지했을 것이다.

　하륜이 제시한 무악주산론은 결국 주산을 무악으로 삼자는
것인데 그렇게 되면 지금 연세대 자리가 궁궐터가 되었을 것이
고 신촌일대가 명당이 되었을 것이나, 그것은 역시 대세를 잘
못 본 것이다. 주산이 저미(低微)하고 명당이 경착(傾窄)하여
왕도로서는 적합치 못한 것이다. 또 무학대사는 인왕을 주산으
로 삼고, 북악과 남산을 좌청룡·우백호로 삼아 도읍을 동향
(東向), 즉 유좌묘향(酉坐卯向)으로 앉혀야 한다고 주장했으
나, 정도전은 난색을 표명했다: "자고로 제왕은 모두 남면하고
나라를 다스리는 것이 법식이거늘 동향이란 들어본 바가 없다
(自古帝王皆南面而治, 未聞東向也)." 정도전은 궁궐은 반드시
남향, 즉 임좌병향(壬坐丙向)으로 해야할 것을 주장했다. 무학
이 내말을 따르지 않으면 200년이 지난 후에야 내말을 생각케
되리라고 예언했다 하여 임란(壬亂)이 일어난 것을 들먹이지만
이것은 서울의 지덕에 힘이 있다하여 지어낸 후일담(後日譚)에
불과한 것이요, 역시 정도전의 백악현무(白岳玄武), 인왕백호
(仁旺白虎), 낙산청룡(駱山靑龍)의 주장이 탁월했던 것이다.
삼봉 정도전은 도가적 풍수에 유가적 인의예지의 이념을 결합

하고 좌묘우사(左廟右社: 좌에 종묘, 우에 사직)의 적통을 확립
했다.

남방화와 해태, 그리고 개천

그런데 남면한 서울의 가장 큰 문제는 주산인 백악보다 남산
이 중후하고 지세가 강하며 관악산(631m)과 남한산(429m)이
주산을 억누른다는 것이다. 즉 남방화(南方火)가 너무 강하다
는 것이다. 이 남방화를 막기위해 불을 삼키는 물의 신인 해태
를 궁궐앞과 모든 교량의 난간에 세웠지만, 그것으로는 역부족
인 것이다. 서울은 전체의 지세로 볼 때 주위산으로 오밀조밀
둘러싸여 불길에 휩싸인 형국이다. 이 불길을 막는 가장 주요
한 방략이 청계천의 치수다. 청계천은 서울의 혈맥이요, 서울
이라는 용의 얼굴에 표현된 생명력의 분출이다. "청계천" 이라
는 명칭은 일제시대 때 정착된 것이며 그 본래이름이 아니다.
청계천은 조선조를 통하여 개천(開川)으로 불리었다. 그것은
반드시 열려있어야 하는 물길이요, 열려 화기를 제압하는 수기
(水氣)인 것이다. 조선의 사람들은 이 개천을 관리하는 것을
자신의 몸의 혈맥을 청통(淸通)케 하는 것으로 알았다. 태종의

대광통교(大廣通橋: 광교), 세종의 수표교(水標橋) 역사, 그리고 영조의 대개천준설사업이 이러한 의식속에서 꾸준히 진행되었던 것이다. 여기에 얽힌 설화가 곧 우리민족의 문학이요, 청계천이라는 불행한 암천(暗川)을 개천(開川)으로 되돌리는 역사야말로 개천(開天)이래 한국문명 최대의 패러다임의 변화를 예고하는 것이다.

준천시사열무도(濬川試射閱武圖): 1760년, 57일간 20만명이 동원된 개천 준설의 대역사를 마치고 영조가 공을 세운 관리, 방민, 군인들에게 베푼 대축연. 동대문옆 오간수문(五間水門) 위에 영조가 자리잡고 있다. 부산박물관 소장.

57

광화문의 해태상. 추녀밑 작은 해태상이 더 앙증맞다.

서울, 유교적 풍류의 미래도시

유교적 풍류 꿈꾸는 역사인식의 분기점

이 글은 『문화일보』 4월 29일(화)자에 실렸던 것이다. 현재 청계천 복원 계획을 추진하고 있는 실무자인 이명박시장과 두차례 만나 현지를 답사하면서 나눈 대화의 내용중 핵심적 부분만을 간추린 것이다. 본 대화의 내용에서 가장 주목해야 할 것은 청계천복원이 또하나의 도시개발개념으로 이해되어서는 안된다는 것이다. 이명 박시장은 많은 사람들이 충분한 이해도 없는 상황에서 선입견만 으로 비판하는 것과는 달리, 그 나름대로 확고한 신념과 방법론을 가지고 있으며 우리나라 미래의 대계를 염려하는 거시적 비전을 가지고 있음이 드러난다. 비판도 애정어린 격려에서부터 출발하 는 것이 그 정도일 것이다.

가화재와 신화재

서울에 살다보면 짜증이 잘 난다. 스트레스가 심해진다. 화가 잘 난다. 즉 서울이라는 도시가 본시 화기(火氣)가 극성(極盛)하여 이 속에 사는 사람은 콩 볶듯이 들볶이는 것이다. 더구나 청계가 개천(開川) 아닌 개천(蓋川)이 되고 난 후에는 서울 도심에선 스트레스를 풀 길이 없는 것이다. 서울의 문제는 우리 주거의 화재(家火災)라기보다는 우리 몸의 화재(身火災)인 것이다. 우리 몸이 매일매일 훨훨 불타고 있는 것이다.

생각해보라! 이 훨훨 타고 있는 몸을 첨벙 담글 수 있는 푸른 개천물이 저 조흥은행본점 앞 광교다리로부터 마장동까지 꾸불꾸불 흐른다고 생각해보라! 탁 트인 공간, 푸른 녹지대, 징검다리, 아낙의 빨래터, 중간 중간에 놓여있는 낭만적인 옛 석축

다리들, 거리의 악사, 소리꾼의 창과 설화(說話), 우리의 삶과
예술과 애환과 기쁨이 어우러져 살아 춤추는 생명의 공간! 생
각만 해도 얼마나 시원하고 신이 나는가!

종로의 옛이름은 "구름따라 가는 길"

생각해보라! 옛날에는 종로(鐘路)를 운종가(雲從街)라 불렀
다. 종로는 보신각종이 매달리고 나서부터 생긴 이름이다. 왜
운종가인 줄 아는가? 서울이 자연 그대로의 지세를 유지하고

서울시가 그려본 개천(開川) 조감도.

서울, 유교적 풍류의 미래도시

있을 때는 청계를 따라 구름이 낮게 깔리고 물안개가 서렸기 때문에 "구름따라 가는 길"이라 해서 운종가라는 이름이 붙었던 것이다. 생각해보라! 이제 차로 메워진 종로가 다시 구름따라 걸어가는 운종가로 변할 수만 있다면?

나는 오늘의 한성판윤 이명박(李明博)시장에게 물었다.

─어떻게 이렇게 기발하고 과감한 생각을 하셨습니까?

"많은 사람들이 제가 건설회사 회장을 한 사람이라서 또 하나의 건설개념으로 이런 발상을 하는 것으로 오해를 하곤 합니다. 한 인간이 성장해가면서도 안경을 계속 바꿔 써야만 하게 되어있습니다. 그래서 저는 계속 안경을 바꾸어 쓰고 있습니다. 그런데 제 주변의 사람들은 옛날에 썼던 안경으로만 저를 바라보는 그런 습관이 있는 것 같습니다. 제가 청계천을 복원하겠다고 생각한 것은 단순한 정치적 공약의 소재로서 채택한 것은 아닙니다. 제가 65년 고려대학교 상과대학을 졸업하고 6·3데모 주동자로 지목되어 고생고생 하던 끝에, 박대통령에게 탄원서까지 내고, 겨우 입사한 것이 현대건설이었는데, 그

때 현대건설은 청계천 복개공사에 참여했습니다. 저는 바로 이 청계천을 복개한 장본인인 셈이지요. 그런데 제 손으로 이것을 다시 헐게되는 아이러니칼한 운명의 주인공이 된다는 것에 저는 기묘한 역사적 단층의 변화를 절감합니다.

다시 말해서 우리가 청계천을 복개하고 고가도로를 만들 때는 우리의 역사가 바로 그것을 요구했습니다. 그것은 모든 사람의 갈망이었습니다. 그런데 지금은 우리의 역사가 이것을 다시 허무는 방향으로 모든 것을 갈망하고 요구하는 그러한 새로운 시대적 패러다임 속에 들어와 있는 것입니다. 우선 청계천 복원사업은 선택의 문제가 아니라 필연의 문제입니다. 미대사관에서는 미국시민에게 청계고가로 다니지 말 것을 직·간접적으로 요청하고 있습니다. 그들은 세부적 실사를 통해 청계천 도로가 이미 회복불능한 상태로 위험수위에 있다는 진단을 내린 것이죠.

암천(暗川)의 독가스와 보스톤의 비그디그

뿐만 아니라, 평균 60m 폭에 6m 깊이 그것이 6km 뻗친 어마

어마한 부피의 체적에 독가스가 가득 차있습니다. 폭발을 방지하기 위해 구멍 뚫어 이 독가스를 무작위적으로 시내로 방출하고 있습니다. 서울의 공기오염과 시민의 건강의 악화는 바로 이러한 문제와도 관련이 있습니다. 청계천의 보완이란 근본적으로 불가능합니다.

그리고 도심하천의 복개를 다시 뜯어내고 고가도로를 헐어내는 것은 세계적인 선진도시의 새로운 추세입니다. 김선생님께서 공부하셨던 보스톤이라는 도시에서는 찰스타운(Charles Town)에서 노트엔드(North End)를 거쳐 다운타운(Down Town)으로 빠지는, 유적으로 가득 찬 고도의 도심을 가르는 고가하이웨이를 철거하고 그것을 지하로 묻고 그 위 200에이커의 면적을 거대한 초원으로 만드는 소위 비그디그(Big Dig)라는 어마어마한 대공사를 진행하고 있습니다. 보스톤의 비그디그는 인류근대사에 있어서 가장 대규모의 도시건설공사(the largest urban construction project in the history of the modern world)로 불리우고 있습니다. 150억 달러의 예산으로 공사가 현재 진행중이지만 훨씬 더 들어갈지도 모릅니다. 하여튼 보스톤 시민들의 어마어마한 불편에도 불구하고 그러한 공사가 진

유교적 풍류 꿈꾸는 역사인식의 분기점

유서깊은 고도(古都) 보스톤의 한 중간을 가로지르는 6차선의 고가(위) 도로가
지하로 숨고 그곳은 평화로운 숲이 될 것이다(아래).
앤디 라이언(Andy Ryen) 사진.

서울, 유교적 풍류의 미래도시

행되고 있다는 것이지요."

　―중요한 문제를 지적하셨는데 청계천복원은 또 하나의 건설공사, 또 하나의 개발공사가 되어서는 안된다는 것입니다. 다시 말해서 청계천복원은 서울이라는 도시 전체의 미래모습과 기능을 어떠한 패러다임 속에서 설계하느냐고 하는 근원적 인식론의 문제와 관련되어 있습니다. 이러한 인식론의 전체적 틀 속에서 이 공사를 진행해야지 그것을 하나의 로칼한 문제해결로서만 인식한다면 더 큰 환난이 닥치게 된다는 것입니다. 이러한 인식론은 단지 서울의 문제일 뿐 아니라 우리나라 전체의 미래와도 관련되는, 역사인식의 중요한 분기점이 된다고 저는 보고 있습니다.

암흑속에 발아한 생명의 씨앗

　"맞습니다. 언젠가 도올선생님께서 새만금 갯벌살리기 얘기를 하시면서 20세기의 물리학적 패러다임이 21세기에는 생물학적 패러다임으로 전환될 수밖에 없다는 것을 말씀하신 것을 기억하는데요, 바로 근대화의 환상이 이제는 저물어가고 있는

3월 19일. 이명박 서울시장과 함께 복개된 하천속으로.

시대에 우리가 살고 있다는 것을 우리 국민 모두가 자각해야
하는 것입니다. 청계의 6km 암천(暗川)은 완벽한 죽음의 세계
입니다. 바로 이 죽음의 세계를 생명의 세계로 바꾸자는 것입
니다. 제가 시장후보로 뛸 때였어요. 청계천 속에도 들어가보
지 못하게 허락도 안해주고 그럴 땐데, 하여튼 6km의 암흑 속을
계속 걸어가다가 진기한 광경을 목격했어요. 복개한 곳에 구멍
이 뚫린 겁니다. 큰 구멍이라면 덮었겠지만 작은 구멍이라서

서울, 유교적 풍류의 미래도시

보수를 안한 겁니다. 그 구멍으로 하루에 몇 시간이나 빛줄기가 비쳤다가 사라지곤 했겠습니까? 그런데 그 빛줄기 속에서 똥참외씨가 싹을 틔운 것입니다. 우리가 참외를 먹을 때 내장으로 들어간 씨가 똥물로 배출되어 시궁창으로 둥둥 떠다니다가 바로 이 한 빛줄기에 걸려 아름답게 발아한 것입니다. 6km의 암흑 속에서 제가 발견한 최초의 생명체, 감격의 눈물이 핑 돌더라구요."

그 순간 나는 이상의 『날개』(1936)에 나오는 한 구절을 생각했다.

"아랫방은 그래도 해가 든다. 아침결에 책보만한 해가 들었다가 오후에 손수건만해지면서 나가버린다. 해가 영영 들지않는 윗방이 즉 내방인 것은 말할 것도 없다. … 아내가 외출만하면 나는 얼른 아랫방으로 와서 그 동쪽으로 난 들창을 열어놓고, 열어놓으면 들여비치는 볕살이 아내의 화장대를 비쳐 가지각색 병들이 아롱지면서 찬란하게 빛나고 이렇게 빛나는 것을 보는 것은 다시 없는 내 오락이다."

유교적 풍류 꿈꾸는 역사인식의 분기점

그리고 또 다시 시대를 앞서 산 저항시인, 신동엽의 "서울" (1969)이라는 시구가 생각이 났다.

초가을, 머리에 손가락 빗질하며
남산(南山)에 올랐다.
팔각정(八角亭)에서 장안을 굽어보다가
갑자기 보리씨가 뿌리고 싶어졌다.
저 고층 건물들을 갈아엎고
그 광활한 땅에 보리를 심으면
그 이랑이랑마다 얼마나 싱싱한
곡식들이 사시사철 물결칠 것이랴.

서울사람들은
벼락이 무서워
피뢰탑(避雷塔)을 높이 올리고 산다.

한창기와의 처마끝 대화

나이는 연배지만 막역했던 나의 친구, 생각만 해도 그리운,

지금은 고인이 되어 목소리만 쟁쟁한 꽃사슴 같이 껑충했던 총각, 한창기가 생각이 난다. 그와 나는 성북동의 한옥 낙수 떨어지는 처마 끝에서 독상을 받고 물끄러미 패이는 빗줄기를 바라보고 있었다. 침묵 끝에 갑자기 한창기가 이 한마디를 던졌다.

"도올, 난 조선왕조가 그리우이."

이 한마디를 시대감각을 결한 로맨티시스트들의 한담으로 치부해버리고 말 것인가? 그런데 한창기의 그 한마디는 영원히 영원히 나의 귓전에 쟁쟁하게 남아있는 그리운 명언이었다.

아름다운 진보, 아름다운 퇴보

나는 역사를 결코 진보하는 것으로 보지 않는다. 이러한 나의 언명을 니힐리스트의 페시미즘으로 간주해도 좋다. 그러나 나는 역사에 진보가 있다면 반드시 퇴보가 있어야 한다고 생각한다. 역사는 아름답게 진보하기를 희망한다면 아름답게 퇴보할 줄도 알아야 하는 것이다. 이것이 바로 조선왕조가 오백년을 유지할 수 있었던 비결이다. 우리는 부지불식간에 검토되지

유교적 풍류 꿈꾸는 역사인식의 분기점

않은 진보사관의 노예들이 되어버렸다. 맹자의 일치일란(一治一亂)을, 노자의 유무상생(有無相生)을, 공자의 주감어이대(周監於二代)를, 그런 외침을 들을 수 있는 귀를 우리는 잃어버리고만 것이다.

그렇다고 인간의 역사가 로만티시스트들의 우토포스(Utopos, 이상향)대로 진행되는 것은 아니다. 우토포스적 꿈의 실현에는 엄정한 현실의 대가가 요구되고, 치열한 대책이 요청되는 것이다.

—문제는 교통입니다. 지금 서울시민의 87%가 청계천복원을 찬성하고 있습니다. 그러니까 7월 1일의 공사착공은 예정대로 진행되어 마땅하리라고 봅니다. 그러나 모든 사람이 한목소리로 우려하는 것은 하루에 16만대가 들락거리는 차량이(고가 12만, 청계천로 4만) 일시에 중단될 경우 그 대체수단이 과연 어떤 방식으로 이루어질 수 있을 것인가? 정확한 시뮬레이션을 통한 과학적인 대책이 마련되어 있는가? 하는 것이지요.

서울, 유교적 풍류의 미래도시

서울시민의 악덕, 나홀로 운전을 자제해야

"한번 차분히 생각해보십시오. 10만대 이상 통과하는 성수대교는 3년 8개월간 부러져 있었어도 비록 불편 겪은 사람은 많았으나 교통대란은 일어나지 않았습니다. 이러한 사례로써 안위를 삼자는 의도는 추호도 없습니다. 우선 구체적인 대책을 얘기하기 전에 김선생님께서 말씀하시는 "인식의 전환"이라는 문제를 다시 한번 절실하게 얘기해야 한다는 것이죠. 서울특별시에 등록되어 있는 차가 270만대, 파리의 400만대에 비해 아직도 적은 숫자인 것처럼 보입니다. 그런데 문제는 서울 차량의 가동시간이 세계에서 제일 높다는 것입니다. 도로 위에 있는 승용차가 62%나 된다는 것이죠. 그런데 더 가공스러운 통계는 이 62%의 78%가 나홀로운전(Solo Drive)이라는 것이죠. 이것은 이 지구상의 최악의 기록입니다. 김선생님과 같이 국제적 감각을 가지신 분의 상식으로 볼 때 이것이 도대체 가당한 이야기라고 보십니까?"

그의 논의는 매우 정당하다. 내가 살던 동경의 경우, 솔로드라이브로 도심에 진입한다는 것은 상상조차 할 수 없는 비상식 또는 악덕에 속한다. 비교적 그러한 관념에서 자유로운 미국의 경우도 맨해튼의 도심 속으로 차를 끌고 들어간다는 것은 우인(愚人)의 치기에 속하는 일이다. 세계 어느 대도시에서든지 우리나라처럼 많은 사람이 승용차를 몰고 활보하는 유례를 찾아볼 수 없다. 다시 말해서 한국인의 엉덩이에는 잘못 뿔이 난 것이다. 처음부터 자동차문명에 대한 관습의 단추가 잘못 끼워진 것이다.

서울 고지도를 놓고 진지하게 토론하는 도올과 이명박시장

"일산·분당·의정부·평촌과 같은 서울의 위성도시에서 아침출근시간에만 유입되는 차량이 130만대, 낮에 들락거리는 외부차량만 해도 170만대, 게다가 서울 자체의 차량 270만대 중 20~30%가 가동되고 있습니다. 도대체 이러한 상황에서 청계고가의 차량불소통 여파를 계산해본들 그것은 무의미한 시뮬레이션에 불과하다는 것입니다."

─그래도 당장의 대책은 발등에 떨어진 불똥이 아닙니까?

개편된 버스체계 활용이 상책

"솔로드라이버의 진입을 근원적으로 억제시키고 대중교통 수단의 이용을 유도하는 수밖에 없겠지요. 그런데 지하철은 더이상의 미래적 대안이 아닙니다. 지하철은 가동될수록 적자폭만 늘어납니다. 가장 효율적인 수단은 꾸리찌바시가 입증한 대로 뻐스의 활용이죠. 광화문을 중심으로 18개 축의 간선을 확립하고, 그 간선에는 중앙버스전용차로제를 도입하여 30분이면 시내로 진입할 수 있게 하고 그 간선역을 환승이 자유로운 지선으로 연결하여 도처에 갈 수 있게 만드는 것입니다. 외부에서 진입하는 도경계에는 거대한 환승주차장을 만들고 그곳을 쇼핑몰로 만들어 복합적 기능을 담당케 하는 것입니다. 그리고 4대문안으로 진입하는 통행료와 주차비용을 대거 인상하고, 가변차로제, 차등차로제, 좌회전금지, 일방통행 등 신호체계를 효율적으로 정비하는 것이죠. 꼭 아셔야 될 것은 올 1월 1일부터 런던에서는 승용차진입은 무조건 5파운드(1만원)를 지불케 하고 있습니다. 자율적으로 주유소에서 티켓을 구입하여 진입케 하고 있으나 야바위칠 경우 벌금형은 40배인 200파운드가 됩니다."

　－인간의 나쁜 버릇을 고치는 가장 효율적인 방법이 무엇인지 아십니까?

　"제가 답하기는 어려울 것 같은데요."

자율의 확립을 위한 타율의 활용

　－바로 불편을 조장하는 것입니다. 인간의 자율을 확립하는 가장 좋은 방법은 타율을 활용하는 것이죠. 사실 교통문제는

그 해답이 명료한 것입니다. 우리 삶의 인식체계를 바꾸는 것 밖에는 없습니다. 즉 앞서 말한 서울이라는 도시의 근원적인 철학이 확립되기만 한다면, 그리고 그 철학에 60~70%의 대중 이 동의하기만 한다면 그에 따른 불편은 오히려 미래의 편의를 보장하는 가장 효율적인 수단이 될 수 있다는 것입니다. 이런 말을 하는 나부터 변해야 하는 것이죠.

사실 나는 이런 말을 할 자격이 충분하다. 내가 서울서 주로 활용하는 교통수단은 대중교통이기 때문이다.

─그러나 청계천복원의 최악의 사태는 그 결과가 또 다시 개 발논리의 희생물이 된다는 것이죠. 복원된 청계가 또 다시 고 층건물의 병풍에 둘러싸인다면 그것은 차라리 고가도로를 더 짓느니만 못한 것이 되고 말 뿐이죠.

"서울시는 복원된 청계천주변의 층고를 엄격히 제한할 뿐 아 니라 사대문 안의 전체구도를 차중심에서 사람중심으로, 즉 쾌 적하게 걸을 수 있는 서울로 만들어 나갈 것입니다. 그리고 고 궁이나 민간문화재도 살릴 수 있는 대로 살리는 방향으로 추진

할 것입니다. 이러한 배경에는 서울시의 새로운 문화적 인프라를 구축하고 그 인프라가 장기적으로 서울시민의 경제를 활성화시키도록 만든다는 유기적 방략이 깔려있는 것입니다."

서울시의 새로운 문화적 인프라

—그 문화적 인프라에 관해서는 또 하나의 거대한 담론이 필요할 것입니다. 저는 앞으로 서울이 뉴욕의 뒷골목을 만드는 그런 치졸한 구상에서 완전히 해방되기를 바랍니다. 정도전이 구현하고자 했던 유교적 풍류의 뉴패러다임을 표방하는 21세기적 도시로 서울이 다시 태어나기를 갈망하는 것입니다. 그런데 청계천상인의 문제는?

"그러한 문제도 과거의 난개발식의 축출로써 해결할 것이 아니라, 이해와 설득의 자율적 논리에 따라 진행되어야 할 것입니다. 명백한 사실은 청계천복원은 그 대부분이 공적자산에 관한 것이며 사유지를 강탈하는 그러한 행위가 근소하다는 것입니다. 공적환경의 변화에 따른 사적인 문제들은 기본적으로 공익의 기준에 따라 협조되어야 할 사항이며, 시정부는 이들의

서울, 유교적 풍류의 미래도시

문제를 그들이 스스로 풀어가도록 도와주려는 성실한 자세를 견지하고 있습니다."

―혹시 새만금문제에 대해서는 어떻게 생각하고 계십니까?

"그것은 치졸한 개발논리의 산물이며, 무엇보다도 그 개발을 선의적으로 주도한 사람들이 미래를 투시하지 못한 것입니다. 그 개발이 완성되었을 때의 효용을 예측하지 못한 것입니다.

600년 전 태종이 세운 개천 제1의 다리 광통교, 지금은 광교사거리 지하에 묻혀있다.

유교적 풍류 꿈꾸는 역사인식의 분기점

지금 농토의 확보를 위하여 갯벌을 막는다는 이야기는 상식에 어긋나는 일이며, 자본주의적 논리로도 도무지 수지타산이 맞지않는 이야기입니다. 그 고귀한 자연자산을 효용가치가 낮은 농토로 만들기 위하여 그토록 엄청난 자본을 투입한다는 것은 재고되어야할 문제입니다. 갯벌의 가치를 뛰어넘는 가치를 인공적으로 창출한다는 것은 불가능한 일입니다. 갯벌을 살리는 방향에서 대안을 모색해야 한다고 봅니다. 나라는 통치의 대상이 아니라 경영의 대상입니다. 현명한 경영을 해주었으면 좋겠습니다."

단종애사, 유득공과 이덕무가 남긴 아련한 정취

단종은 동대문밖 다리에서 비(妃) 송씨와 이별하고 다시 못돌아올 길을 떠나고 말았다. 그래서 영이별다리, 영도교(永渡橋)라 불렀다. 정월 대보름이면 통금이 해제되고 한성의 시민들은 밤새 12다리를 밟았다. 그리고 다리를 옮겨다니며 판소리공연을 일삼는 소리꾼들은 재미있는 일화를 수없이 남기고 있다. 가장 화려했던 수표교, 그 위에서 동운(同韻)으로 주고받은 혜풍 유득공(柳得恭)과 아정 이덕무(李德懋)의 시는 아련한 정취를 남긴다.

向昏煙色淡將消

微辨如紅第五橋

橋上行人雖未識

更堪回首望遙遙

해저물자 연기조차 희미하게 스러져가고

검붉은 황혼의 그림자속에 드러나는 다섯째다리

다리위의 저 길손 누구인지 알 수 없어

몸 돌려 다시 보니 저 멀리 사라지네

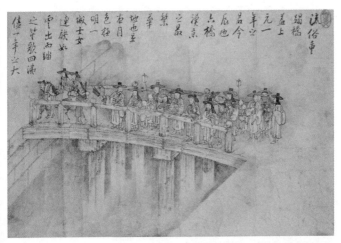

화사 오계주(吳啓周)가 그린 광통교 답교놀이 민속화.

유교적 풍류 꿈꾸는 역사인식의 분기점

煖幅風穿酒力消
迤迤白影是長橋
凄迷忽作汀洲勢
衰柳烟霜近似遙

나부끼는 두루마기 바람드니 술기운 사라지고
비스름 흰 그림자 곧바로 장교로세
처량하여 갈길 모르는데 쓸쓸코나 졸졸졸
서릿발 쇠잔한 버들 안개속 먼듯 먼듯 하여라

서울, 유교적 풍류의 미래도시

광통교와 동시대에 지어진 창덕궁의 금천교(錦川橋). 서울에서 만날 수 있는 최
고(最古)의 다리인데 거북위에 나티귀면과 돌난간 조각들이 아름답기 그지없다.

유교적 풍류 꿈꾸는 역사인식의 분기점

청계천복원은 도시미화 아닌 도시혁명

-생태도시건설의 주인공 꾸리찌바 前시장 레르네르와의 대화-

이 글은 『문화일보』 2003년 3월 24일(월)자에 실린 것이다. 브라질의 빠라나주의 주도 꾸리지바시는 성공사례의 생태도시로서 세계적인 각광을 받고 있다. 혼잡스러웠고 황폐했던 고도 꾸리찌바를 오늘날 시민들에게 사랑받는 인간적인 환경도시로서 변모시킨 것은 레르네라는 탁월한 건축가의 비젼이었다. 레르네르는 꾸리찌바시의 시장을 세번이나 역임했고 현재는 건축가국제연맹의 회장으로 있다. 그가 방한했을 때 만나서 나눈 대화의 초록이다. 레르네르의 비젼과 체험은 우리나라 미래도시를 설계하는데 매우 유익한 자료를 제공할 것이다. 그는 건축가이기전에 사상가였고 휴매니스트였으며 검약한 행정가였다.

반전과 평화의 교훈으로서의 이라크전쟁

바그다드는 불타고 있는가? 아카드(Akkad)의 사르곤 (Sargon)이 수도를 세운 이래 수없는 메소포타미아의 왕조들이 찬란한 문명의 영화를 남긴 도시, 『아라비안 나이트』 천일야화의 화려한 무대, 몽골의 옐로우 테러(Yellow Terror)에 의하여 초토화되었던 비운의 기억을 간직한 도시, 이제 또다시 석유라는 황금 때문에 저 도도히 흐르는 티그리스의 강물은 핏물이 되어가고 있는가?

인간은 과연 인간의 피를 먹지않고서는 살 수가 없는 동물일까? 사랑, 전쟁, 종교, 이것이야말로 인간이라는 동물의 가장 비이성적인 세 측면이라고 한다면, 그중에서도 가장 참혹한 것은 전쟁이 아닐 수 없다. 전쟁, 그것은 사랑보다 더 강렬하고

87

종교보다 열렬한 어떤 구원의 빛일까? 신의 저주일까? 인간의 본능일까? 욕망의 광포일까?

요번 이라크전쟁처럼 발발의 과정에 전인류가 의식적으로 참여해야만 했던 가혹한 드라마는 없을 것이다. 요번 전쟁처럼 인간이라는 종자에게 자신의 모순된 모습을 보여준 거울은 없을 것이다. 요번 전쟁처럼 반전과 평화의 의식을 제고시킨 교훈은 없을 것이다. 요번 전쟁처럼 제국의 횡포를 가르쳐준 역사는 없을 것이다. 나는 바라본다. 허탈하게. 암운에 덮인 바그다드의 하늘을! 통탄과 비탄과 애탄의 울음만이 가득한 그 하늘을! 그렇다고 인류의 비극을 가슴에 품고 피눈물만 짜아낼 수도 없었다. 현실에 대한 무기력감에 영혼마저 무기력해져가는 나 자신의 모습을 관조하고 있을 즈음, 난 우연히 우리 인류사에 현실적 희망과 꿈의 빛을 안겨준 매우 뜻깊은 인물을 한 명 만났다.

자이메 레르네르의 판타지

자이메 레르네르(Jaime Lerner)! 그는 1937년 12월 17일, 쌍

파울로에서 대서양연안을 따라 한 400km 내려가면 만나게 되는 도시, 그 유명한 이과수폭포가 있는 빠라나(Paraná)주의 주도 꾸리찌바(Curitiba)에서 태어났다. 그의 부모는 폴란드에서 거주하던 유태인이었는데 1933년 꾸리찌바로 이주하였다. 레르네르는 기억한다. 그가 태어나 자라난 꾸리찌바의 거리를. 기차역이 있고, 그 앞에 넓은 광장과 공원이 있고, 그곳에서 시청까지 주욱 뻗은 대로변에는 다양한 가게들, 신문판매대, 서커스, 라디오방송국, 호텔이 있었다. 자기집 건너편에 시청이 있었는데, 그는 훗날 그 웅장한 건물의 주인공이 되리라고는 꿈에도 생각질 못했다. 그는 말한다. 그 거리야말로 나의 환상과 현실의 학교(my school of fantasy and reality)였다고. 레르네르는 그 도시의 시장을 세 번이나 했고 빠라나의 주지사를 두 번이나 했다. 브라질의 가장 존경받는 행정가로서 그는 꾸리찌바를 이 세계에서 가장 지속적인 생태도시로 변모시켰다.

레르네르와 꾸리찌바시는 유엔 최고의 환경상(UNEP, 1990), 에너지보존 국제협회상(IIEC, 1990), 하비타트 영예대상(Habitat Scroll of Honor, 1991), 유니세프 아동평화상(UNICEF, 1996)등 수도 없는 국제대상을 받았을 뿐아니라

청계천복원은 도시미화 아닌 도시혁명

2003년 3월 22일 저녁. 서울 어느 카페에 앉아 열변을 토하는 레르네르와 도올.
레르네르는 말한다: "건축가는 항상 철학자와 만나야 한다.
철학적 통찰은 시대를 앞서 해석하고 있다."

『타임』지는 세계적으로 가장 건전한 도시로서 꾸리찌바를 뽑
았다.

그는 현재 100여개국, 100만명 이상의 회원을 거느린 건축가
국제연맹(IUA)의 회장으로 있다. 내가 만난 레르네르는 건축
가, 행정가이기 전에 참으로 존경스러운 철인이었다. 나는 문

도들에게 추앙되어 거리에 군림하는 근엄한 법복을 입은 고승보다 현실속에서 현실과 투쟁하며 고뇌하는 진속의 범인속에서 더 깊고 치열한 구도(求道)의 자태를 발견하곤 한다. 그는 310년의 역사를 간직한 고도에 사는 260만 시민의 삶에 희망과 꿈과 기쁨과 건강을 주었다. 지금 이 시간 포화의 낙진속에 스러져가고 있는 5천년의 고도 바그다드의 모습과는 너무도 대조적이다. 그 만큼의 열반을 그는 열반 전에 달성했던 것이다.

─어떻게 그러한 생태도시의 꿈을 꾸게 되었나?

끊임없는 도전의 역정

"불란서에서 엔지니어링을 공부한 후에, 빠라나연방대학교 건축대학에서 엔지니어링 방면의 교수로 오라는데, 나는 건축가가 되고 싶어 다시 건축과 학생으로 입학하였다. 그런데 내가 건축학도였던 당시 온 세계는 도시개발에 광분해 있었다. 그것은 모두 도시를 경제발전의 수단으로만 이용하는 도시기능 분리계획이었고(비지니스지역, 고소득층·저소득층 주거지역, 녹지레저지역 등이 각각 분리된다), 그 결과 도시속의 인간의 삶

(living)은 그 인간의 일(working)과 분리될 뿐이었다. 나는 도시야말로 인간의 삶과 일이 함께 이루어지는 곳이 되어야하며, 모든 계층의 인간이 복지를 공유하는 통합적 장이 되어야 한다고 생각했다. 그래서 건축대학 동료들과 새로운 개념의 도시 매니페스토를 만들고 극렬한 학생운동을 전개하였다. 우리는 물론 힘이 없었다. 그런데 그 이후 꾸리찌바시는 도시연구와 도시계획의 연구소(IPPUC)를 만들었는데 우리학생 5명을 연구원으로 참가시켰다. 우리에게 구체적 복안이 있었기 때문이었다. 나는 3년후(1968) 그 연구소의 소장이 되었고, 1971년에는 33세의 나이로 시장에 임명되었다. 그때부터 역사는 시작된 것이다."

— 그 복안의 핵심은 무엇인가?

세계화와 유대감의 긴장

"우리가 살고있는 세계는 세계화(globalization)와 공동체적 유대감(solidarity)의 팽팽한 긴장속에 있다. 세계화가 보편주의 · 전체주의를 지향한다면, 내가 말하는 유대감은 상대주의·국소주의를 지향한다. 세계화는 경제적 효율성을 극대화 시키려는 전략임에 비해 유대감은 민족이나 지역의 정체성 (identity)을 고수하려고 노력한다. 그런데 세계화는 유대감을 파괴시키는 방향에서만 전개된다. 나는 도시를 세계화에 대한 유대감의 보호막(safeguard)으로서 일차적으로 인식한 것이 다. 도시의 일차적 존재이유는 그 도시에 사는 사람들의 삶이 요 행복이다. 그 사람들의 삶과 행복을 파괴하는 어떠한 세세 화의 전략도 정당성의 근거가 없다."

─보다 구체적인 도시계획전략으로서 얘기해 달라.

길은 넓힐수록 막힌다

"그것은 매우 간단한 사례로서 설명될 수 있다. 우리는 도시 를 차중심으로만 설계한다. 그런데 차는 궁극적으로 인간을 위 해 있다는 사실을 망각해버리고 있는 것이다. 차를 위해서 하 천을 복개하고 고속도로를 만들고 차도를 확장하고 녹지를 파 괴한다. 그러나 길은 넓힐수록 막힌다. 그것은 차량의 증대만 을 초래할 뿐이며 에너지의 낭비와 오염을 증대시키며 궁극적

청계천복원은 도시미화 아닌 도시혁명

으로 인간의 삶의 질을 저하시킨다. 도시에 대한 우리의 인식이 차중심에서 사람중심으로 근원적인 패러다임 쉬프트가 일어나야 하는 것이다. 차중심의 도시는 세계화전략의 희생물이며, 내가 말하는 사람중심의 도시는 솔리대리티(유대감)의 부활을 의미하는 것이다."

— 차량의 원활한 소통이 없이는 인간중심도시조차 불가능하지 않은가?

"차는 시어머니와도 같은 것이다. 시어머니와 좋은 관계를 유지해야 하지만 시어머니에 지배당하면 불행해진다. 그리고 차는 아편이다. 현대인의 최대중독사태인 것이다. 결국 사람중심도시라는 것은 솔로드라이버의 자가용진입을 철저히 제한하는 정책을 말하며 보다 저비용과 고효율의 공공교통수단의 확보를 의미하는 것이다."

— 저비용과 고효율의 공공교통수단이란?

"많은 사람들이 지하철을 생각할 것이다. 그런데 지하철은

서울, 유교적 풍류의 미래도시

결코 효율적이기만 한 수단은 아니다. 그리고 1㎞를 뚫는데 1천억원이 들어간다(서울기준). 그러나 내가 진단컨대 불과 3천억원이면 서울 전도시의 교통체계를 더 효율적으로 만들 수도 있었다."

—그런 도깨비방망이가 무엇인가?

버스의 지상철화

"꾸리찌바는 역사적으로 형성된 주요간선에 따라 버스전용의 중앙차선제를 만들고 그 주변에 복합적인 도시기능을 밀집시켰다. 도시의 기능 자체를 멀리 출근이 불필요해지

꾸리찌바시의 버스중앙차로 승강장. 페트병 모습의 원통형 정류소는 단순하며 주변의 경관과 잘 어울린다. 그리고 플랫폼이 버스승강대와 동일한 평면이어야 한다.

도록 복합화 시킨 것이다. 버스가 자가용에 밀리면 이용자가 줄고, 따라서 배차간격이 늘어나며, 신속성과 정확성이 떨어지고 신뢰감이 없어진다. 그리고 버스노선에 대한 단순한 인식이 없어진다. 그런데 중앙차선을 확보하고, 버스의 승강이 승강장과 동일평면에서 이루어질 수 있도록 구조를 설계하고, 3칸의 굴절버스를 만들면 보통버스의 수십배의 효율이 창출될 수 있으며 이것은 지하철 80분의 1의 저비용밖에 안드는 지상철이 되는 것이다. 그리고 간선역을 연결하는 효율적인 무임환승의 지선버스가 운행된다. 이렇게 되면 지하계단을 내리락오르락거려야 하고 불필요하게 우회하여 환승해야하며 또 역에서 멀리 떨어져 있는 사각지대가 많이 생기는 지하철보다 훨씬 더 효율적인 대중교통체계가 되는 것이다."

―아주 구체적인 서울의 당면과제로서 생각할 때, 청계천을 복원하고, 하루에 16만대가 들락거리는 청계고가도로의 교통량이 감소한다고 할 때에, 그러한 지상철버스체계로서 과연 문제가 해결될 수 있을 지 의문이다.

청계천 복원은 21세기 도시혁명의 한 시발점

"당분간 교통의 혼잡은 극대화되는 것처럼 느낄 것이며, 자가용을 몰았던 사람들의 불평도 클 것이다. 그러나 어떠한 경우에도 모든 사람이 자가용을 다 끌고나온다고 하는 전제하에서 서울의 교통난이 해결될 수 있는 묘방은 전무하다. 이미 지옥같은 상황이라면 지옥의 상태는 가중되어봤자 똑같은 지옥일 뿐이다. 이제는 서울의 시민들이 공생의 길을 찾는 인식의 변화를 일으켜야 한다. 다시 말해서 차중심에서 사람중심으로 서울이라는 도시의 패러다임이 변해야 한다는 인식에 공감해야 한다. 그것은 21세기 최대 도시혁명의 한 시발점이 될 것이다. 다시 말해서 청계천복원은 단순한 국부적인 도시미화사업이 아니라 인류의 도시의 인식을 전환시키는 아방가르드적 혁명의 패러다임 속에서 이루어지는 구조론적 사태라는 것을 인식해야 하는 것이다."

—설득시키기가 매우 어려울 것이다.

주민의 자율적 참여가 관건

"인간은 비극을 조작하고 조장해서 먹고살려는 어리석음에 곧잘 우롱당한다. 그러나 도시는 항상 개선의 여지가 있으며,

꾸리찌바시 후미진 곳곳에 설치된 지혜의 등대(Farol do Saber).
도서관, 동사무소, 파출소의 역할을 통합시킨 것이다.

그 개선에 시민이 참여하도록 유도해야 한다. 여기 쓰레기더미
가 있다고 하자. 이것을 치우기 위해 시청청소과를 늘리고 첨
단의 장비를 갖춘 쓰레기차를 구입한다. 이것은 계속 쓰레기더
미를 조장시킬 뿐이다. 우선 쓰레기가 발생안하는 삶의 구조를
의무지워야 하고 또 쓰레기를 치우는데 있어서도 시민 스스로
가 치우도록 유도하는 것이다. 우리는 청소과 예산을 그런 방

향으로 썼다. 해안오염을 방지하기 위하여, 어부들이 고기를 건지면 그 고기는 자기몫이지만, 고기못잡는 날 쓰레기를 건지면 돈을 주었다. 고기도 돈이고 쓰레기도 돈이다. 해안이 깨끗해지고 고기가 다시 모여들고 관광객이 늘어난다. 그리고 모든 장소에서 쓰레기 수거보상제를 철저히 시행하였다. 이런 방법으로 시민의 환경의식을 제고시키는데 성공하였다. 꾸리찌바는 현재 다른 도시에 비해 평균 25%의 에너지를 절감한 도시로서 정평이 나 있다."

그의 언변은 낭만이 아닌 현실이었다. 필담을 나누다가 내 볼펜을 잘못 집고는, "철학자에게서 펜을 뺏는다는 것은 죄악이다"라고 죠크한다. 그의 삶에는 휴매니스트의 격조가 자연스럽게 배어 있었다.

서울의 혼을 복원시켜라

"우리 고대선조들은 광막한 하늘을 보고도 별자리를 알았는데 지금 우리들은 우리가 살고있는 도시의 모습을 이해하지 못한다. 오히려 옛 고지도를 보면 그곳에는 그들의 공간인식체계가 명료하게 드러나 있다. 서울사람들에게 서울이라는 도시를 이해시켜야 한다. 청계천복원사업은 서울사람들에게 서울의 혼(Soul of Seoul)을 복원시키는 작업이 되어야 한다. 우리 서양인들이 생각한 동양은 지혜와 심오한 사색과 단순함(Simplicity)과 깊은 뜻(Meaning)의 원천이었다. 그런데 지금 동양은 그런 원천의 감각을 상실해가고 있다. 서울의 궁궐과 사대문이 서울사람들의 삶의 의미와 유리된 전시물로서 격리되어 있는 것이 너무도 안타깝다. 그 유기적 의미가 복원되어야 하는 것이다. 그것은 물리적인 통합일 뿐만 아니라, 사회적·경제적·문화적인 통합을 의미하는 것이다."

그가 말하는 것은 서울이 유교적 이념을 구현한 도시로서 설계된 것이라고 한다면 그러한 설계가 지녔던 모든 삶의 의미를 현대도시문명의 저변으로 복원하는 것을 의미한다. 매우 추상적으로 들리지만 구체적 복안이 얼마든지 가능하다. 그것은 여태까지의 개발의 방향과는 역방향의 새로운 개념의 개발을 의미하는 것이다.

"내가 하는 일이 즐겁고 내 일로 또 타인이 즐거울 수 있다면

서울, 유교적 풍류의 미래도시

그것은 모두가 즐거운 것이다. 청계천복원사업이 그 주변의 상권이나 주거민들에게 불안이나 고통을 주는 것이 되어서는 안 된다. 여태까지의 개발은 결국 그 개발지역의 주민을 내쫓는 개발이었다. 그런데 청계천복원사업이 그들의 삶을 풍요롭게 하는 것이라는 보장의 장치를 확고하게 마련해야 한다. 그것은 개발이 아닌 복원이며, 불투명한 미래로의 회전이 아니라 서민들의 아늑한 노스탈자로의 회귀를 의미하는 것이다."

─존경하는 건축가는?

"오스카 니에마이어(Oscar Niemyer), 아이 엠 페이(I. M. Pei)."

─꼬르뷔지에(Le Corbusier)는?

"좀 지루하지(Too dull). 재미가 별로 없어(too boring)."

─바우하우스는?

청계천복원은 도시미화 아닌 도시혁명

서울, 유교적 풍류의 미래도시

옛 서울의 다리중에서 가장 긴 살곶이다리(箭串橋). 청계천이 중랑천을 만나 한강에 이르는 마지막 물길을 가로지른다. 석재가 길고 크며 질박해서 호쾌한 기품을 풍긴다. 제반교(濟盤橋)라고도 불렀다.

청계천복원은 도시미화 아닌 도시혁명

창조성은 관계의 망속에서 현현한다

"위대한 운동이었다. 그런데 그 운동이 중단되고 해체되었기에 더 위대하게 된 것이다. 그들의 모더니즘은 근대사회를 새로운 시각에서 보게 만들었지만 결국 근대사회의 병폐의 주범노릇을 했다. 내가 건축가연맹회장으로서 선포하는 이념은 바우하우스와는 구별되는 새로운 조화의 비젼이다. 건축가는 미래의 창조자들이다. 가능한 현실을 먼저 머릿속에 그리는 신(神)이라 말할 수 있다. 그런데 그 신적인 청사진속에 모든 가능한 인간의 삶의 지평이 복합적으로 융해되어야 한다. 너무 지나치게 한 면만 고집하면 그것은 독선이 되고 만다. 그것은 범죄다."

─노자(老子)의 공간론에 접해본 적이 있나?

"도올선생, 당신을 모셔다가 한번 꾸리찌바에서 강의듣고 싶다. 그런데 모든 창조성은 벼락치듯이 일순간에 생겨나는 영감이 아니라, 일상적 삶의 관계망에서 생겨나는 것이다. 관계함

서울, 유교적 풍류의 미래도시

수를 많이 동시에 고려하는 사람일수록 창조적이 될 수 있다."

"그런 말 할 줄 알면 이미 노자도 마스터했군."

우리의 대화는 그칠줄을 몰랐다. 밤 10시에 나는 그를 데리고 북한산 승가사에 올랐다. 승가사 마애불 앞에서 내가 바라보는 한양의 야경을 꼭 한번 보여주고 싶었기 때문이다. 그가 말하는 서울의 혼, "쏘울 어브 서울"이라는 묘한 여운을 느낄 수 있는 유일한 풍수적 위치라고 생각했기 때문이었다. 그러나 그의 체구로써는 무리였다. 우리 두 사람은 한 달밤에 휘엉청 거리는 미치광이들처럼 껄껄 거리며 북한산 중턱에서 하산의 발길을 돌려야 했다.

청계천복원은 도시미화 아닌 도시혁명

서울, 유교적 풍류의 미래도시

청계천복원은 도시미화 아닌 도시혁명

도올 어린이 교육신헌(敎育新憲)

다음의 글은 『문화일보』가 2003년 5월 5일 어린이날을 기념하여 새로운 어린이 교육강령을 반포하고자 하는 뜻을 기리어 도올이 쓴 글이다. "어린이 교육신헌"과 그 "해제" 두 부분으로 이루어져 있다. 이 글을 여기에 싣는 뜻은 도시의 문제를 생각할 때 반드시 도시에 사는 사람들의 윤리를 생각하지 않을 수 없다는데 있다. 도시의 설계는 도시 거주자의 삶의 설계이며, 궁극적으로 그들의 가치관의 설계이다. 따라서 미래의 시민인 어린이의 교육에 있어서 도올이 제시하는 민주의 담론은 매우 중요한 것이다. 자유아닌 협동, 타율아닌 자율의 논리는 서울의 미래를 설계하는데 있어서 우리가 반드시 준수해야 할 가치관이다. 시민의 협동이 없이 도시혁명은 불가능할 것이다.

도올 어린이 교육신헌(敎育新憲)

어린이의 교육이란 우리민족의 미래를 창조하는 영원한 과업이다. 소파 방정환이 "늙은이"와 "젊은이"와 대등한 개념으로서 "어린이"라는 어휘를 새롭게 창안하고, 3·1운동이후 사회운동이 농촌운동과 청년운동으로 대세를 이룬 상황에서 굳이 어린이운동을 고집한 이유는 "총칼 아래서 신음하는 어른들의 생활이 비참할수록 복된 내일을 맞이하기 위해서는 무엇보다도 우리아이들의 양성"이라고 생각한 까닭에서였다.

예로부터 지혜의 상징으로서 "늙은이"라는 말은 있었으되 "어린이"라는 말은 없었다. "어리다"는 말은 모두 "어리석다"는 의미로만 쓰였는데, "어리석음"은 "어둠"을 의미했고, 그것은 몽매(蒙昧)라는 한어로 표기되었다. 이 한어는 본시 『주역』

111

의 몽괘(蒙卦)에서 유래되었는데 그 괘사에 동몽(童蒙)이라는 말이 나온다. 어린이는 동몽일 뿐이었으며 그것은 정몽(正蒙), 격몽(擊蒙), 훈몽(訓蒙), 계몽(啓蒙)이라는 표현이 말해주듯, 때림과 열음의 대상일 뿐인 암흑이었다.

20세기의 인류의 역사는 어린이가 어둠에서 밝음으로 걸어 나간 발자취다. 구속에서 자유로, 억압에서 해방으로, 타율에서 자율로 그 패러다임의 전환이 이루어진 역사다. 그 목표가 온전하게 달성되었다고 말할 수는 없으나 그 전환의 지향성은 온 인류역사의 과제였다. 그러나 불행하게도 오늘날 우리사회의 어린이들은 지나친 밝음에 노출되어, 정작 필요한 수분과 영양소를 공급받지 못한 채 작열하는 태양 아래 말라 비틀어져 가는 지푸라기 신세가 되어가고 있는 것이다.

이것은 우리나라 20세기 개화의 목표가 근원적으로 오류적 인식 위에 서있었음을 입증하는 것이다. 단언컨대 어른들의 가치관이 어린이의 가치관을 구속해서는 아니되며, 어린이교육의 주체가 어른 아닌 어린이가 되어야한다는 것은 이론의 여지가 없다.

그러나 어린이교육은 반드시 그 사회가 달성하고자 하는 이상적 인간상으로부터 유리되어 논의될 수 없다. 과거 동몽교육이 지향했던 것은 유교적 군자(君子)상이었다. 오늘 어린이교육이 지향하는 것은 민주적 시민(市民)상이다. 이것은 지향처가 다를 뿐이요, 각기 그 교육의 목표와 방법에 있어서 가치적 우열이 있는 것은 아니다. 우열이란 오로지 그 이상(理想)의 급불급(及不及)에 있어서만 논의될 수 있는 것이다.

군자(君子)도 불기(不器)라 했거늘, 고정된 강요의 기준이 없다. 맹자(孟子)도 대인(大人)은 적자(赤子)의 마음을 잃지않는 자라 했고, 노자(老子)도 전기치유(專氣致柔)하여 영아(嬰兒)처럼 될 수 있는 자만이 도(道)를 구현한 자라 했다. 과거 어린이교육이 왕정사회세습의 악폐만을 강요한 것이라는 힐난은 정당치 못하다.

민주사회의 이상인 시민의 덕성은 결코 자유(自由)가 아니다. 그것은 자유를 넘어서는 자율(自律)적 인간들의 협동(cooperation)인 것이다. 협동정신이 없는 인간은 시민이 아니다. 협동을 위하여서는, 이윤추구의 개인윤리를 넘어서는 희생과 봉사와 인내와 사랑과 보편윤리에의 복속이 요구되는 것이다. 우리 개화교육은 어린이에게 이런 시민정신을 가르치는데 실패하고 있으며, 가정교육이 실종되는 대중교육만을 지향하고 있으며, 심미적 감성과 보편적 가치를 함양시키지 못하고 있다. 자유 아닌 방종과, 규율 아닌 무질서를 시민의 덕성으로 착각하여 어린아이 "기 살리기"에 광분하고 있다.

어른들은 아이들이 성장의 진로를 스스로 결정하도록 도와주어야 하지만, 인간이라면 누구든지 동의하지 않을 수 없는 보편윤리를 가르치는 것을 포기하면 안된다. 인간을 나의 탐욕을 위한 수단으로 삼는다는가, 나의 행복을 위하여 타인의 행복을 해치는 행위를 어린이의 권리로 생각하는 어리석음에 사로잡혀서는 아니된다. 어린이교육은 영원히 부모의 문제요 어른의 문제이다. 오호라! 오늘날 어른들의 그릇된 가치관이 어린이를 또 다시 몽매(蒙昧) 속으로 떨어뜨리는 비극이 되풀이 되지 않기를, 나 도올은 이 땅의 현자(賢者)들과 함께 빌고 또 비노라.

금천교 엄지기둥 위에서 고개를 갸우뚱거리고 있는 해태

도올 어린이 교육신헌

서울, 유교적 풍류의 미래도시

도올 어린이 교육신헌

도올 어린이 교육신헌 해제(敎育新憲解題)

어린이는 인류의 영원한 로맨스

지난 수요일, 정치부에서 나에게 전갈이 왔다. 어린이날 신문에 한국의 어린이들에게 꿈과 행복을 안겨줄 수 있는 21세기 어린이헌장 같은 것을 하나 써보지 않겠냐고. 그 발상이 매우 훌륭하다고 생각되어 사명감 같은 것은 끓어올랐으나 내가 "어린이헌장" 같은 것을 써서, 모든 사람들이 그것을 금과옥조처럼 읽고 외우고 한다는 것은 도무지 내 상식에 허락칠 않았다. 헌장이라고 언어화해버리면 내 생각이 고착되어버릴 뿐 아니라, 또 시대에 따라 변할 수밖에 없는 인간의 사유를 불변의 진리로 받아들이는 질곡에 대한 우려가 앞섰기 때문이었다.

물론 누가 그토록 이 시원찮은 도올의 글을 금과옥조로 받들 겠냐마는, 우리시대의 존경받던 철학자 박종홍선생이 메이지 (明治)천황의 "교육칙어"를 방불케하는 "국민교육헌장" (1968)을 써서 개인의 치욕과 사회의 악업을 남긴 그 오류를 나 는 되풀이하고 싶질 않았다. "국민교육헌장" 속에 이 세상 좋 은 말은 다 들어가 있고, 온국민이 돌돌 다 외웠다한들, 정신이 바로 박힌 어느 자가 과연 그런 유의 헌장에 감명받아 "민족중 흥의 역사적 사명"을 다했으리오? 그저 어린이교육에 대한 나 의 단상을 피력하는 것으로 만족하려 한다.

"어린이"라는 말은 소파 방정환의 신조어

그러나 우리의 단상이 알고보면 기나긴 통시적 연관 속에 있 는 것이요, 하나하나의 개념이 모두 역사적 연원을 갖는다는 것은 충분히 인지되어야 마땅하다. 일례를 들면, 우리는 상식 적으로 "어린이"라는 말이 차일드(child)에 해당되는 옛부터 내려오는 우리말로 생각하기 쉽다. 그러나 우리나라 언어의 역 사에 "어린이"라는 말은 1920년 천도교단에서 출간한 『개벽』 지 통권 제3호에 최초로 등장한 신조어(新造語)였는데, 그 창

2003년 4월 10일 장희빈의 아들 경종(景宗)의 무덤인 의릉(懿陵)에서 소풍나온 어린이들과 함께 한 도올. 경종은 비운의 인간이었지만 그의 사후세계는 너무도 아름답게 꾸며져 있었다.

안자는 소파(小波) 방정환(方定煥, 1899~1931)이었다. 소파는 본시 서울 야주개(夜珠峴: 현 唐珠洞) 사람으로 궁핍한 어린 시절을 보냈으나, 향학열과 우국의 고매한 기상이 뛰어나 학업의 길에도 뒤짐이 없었다.

그러나 그의 생애의 전기를 마련한 것은 선린(善隣)상업학교를 중퇴한 후 19살 때, 기미독립선언 33인중의 한 분인 권병덕(權秉悳, 1867~1944)의 천거로 의암 손병희(孫秉熙, 1861~1922)의 셋째 딸 용화(溶嬅, 당시 17세)와 결혼한 사건이었다. 그는 그 뒤로 천도교와 인연을 맺으면서 보성전문학교에 진학하였고, 또 일본 토오요오(東洋)대학 철학과에 유학하여 아동문학과 아동심리학을 전공하면서 『개벽』지 동경특파원으로 활약케 되었던 것이다.

소파 방정환의 "어린이"정신은 해월 최시형의 동학사상

근대교육철학의 효시를 이루는 죤 듀이(John Dewey, 1859~1952)의 『민주주의와 교육』(*Democracy and Education*)이 출간된 것이 겨우 1916년의 사건이다. 그리고 진보주의교육협회(P.E.A.)가 결성된 것이 1918년이다. 그리고 우리나라에 듀이의 교육이론이 소개된 것은 1946년 11월 오천석(吳天錫)의 『민주주의 교육의 건설』이라는 책자를 효시로 삼는다. 그렇다면 소파의 어린이운동, 그 교육철학과 방법론은 서구의 어린이중심의 진보주의교육(progressive education)과는 별도로, 동시

대에 진행된 자생적 운동이
었던 것이다. 그 원동력은
과연 무엇이었을까?

여기서 우리는 당연히 소
파 방정환의 장인이 천도교
의 제3세 교조 손병희였으
며, 손병희는 제2세 교조인
해월 최시형(崔時亨, 1827~
1898)의 사상을 어김없이 이
어받은 인물이라는 사실을

의암 손병희의 사위였던 소파 방정환(1899~1931).
그의 어린이 사상은 철두철미하게 해월의 사인여
천(事人如天) 사상을 계승한 것이다.

상기해야 한다. 우리민족의 근대성(modernity)의 뿌리를 생각
할 때 가장 창조적이고도 자각적인 사상을 제출한 인물로서 나
는 해월(海月) 이상의 인물을 생각할 수가 없다. 나 도올은 우
리역사에 지나간 성인은 많이 있으나 내가 리얼하게 느낄 수
있었던 해월과 동무(東武)를 만나지 못했더라면 굳이 이 조선
땅에서 살아야할 큰 의미를 발견치 못했을지도 모른다는 탄식
을 종종 발하곤 했다. 동무(東武 李濟馬, 1837~1900)의 창조적
고집과 해월의 헌신적 희생의 전범이 없었더라면 나의 삶의 가

치관의 진정한 기준을 찾기 어려웠을 것이라는 탄식이었다.

토착적인 우리 어린이사상을 서양의 기독교적인 교육사상으로 오인

우리가 흔히 동학(東學)의 사상을 인내천(人乃天)이라 말한다. 제1세 교조인 수운 최제우(崔濟愚, 1824~1864)의 『동경대전』(東經大典) 「논학문」(論學文)에서 천명한 바 "안으로는 신령이 있고 밖으로는 기의 운화가 있어"(內有神靈, 外有氣化) 그것이 하나의 전체를 이룬다고 하는 시천주(侍天主)사상에 그 원형이 드러나 있다고는 하겠지만, 그 리얼한 느낌은 실천적인 사상가인 해월의 구체적인 설법에서 더 잘 드러난다고 할 것이다.

인내천이란 "사람이 곧 하늘이다"라고 하는, 신본주의에 대비되는 단순한 인본주의사상을 표방한 언사가 아니다. 그것은 인간의 위대성을 돌출시킨 사상이 아니요, 우주생령이 모두 하나라고 하는 거대한 생명사상의 일환이었다. 즉 천지(天地)가 곧 귀신(鬼神)이며, 귀신은 곧 나며, 나는 곧 천지음양의 일환이라고 하는 전우주생명의 자각, 내 마음이 곧 하느님의 마음

서울, 유교적 풍류의 미래도시

우리 민족에서 확고한 자생적 근대성의 기준을 제시해준 걸출한 사상가 해월 최시형의 마지막 모습. 뒤에 동학괴수 최시형(東學魁首 崔時亨)이란 글씨가 보인다. 모진 고문으로 부은 다리가 처참하다. 1898년 6월 2일 종로 단성사 뒷켠에 있었던 한성감옥에서 교형으로 순도하였다.

도올 어린이 교육신헌 해제

(吾心卽汝心也)이라고 하는 자각은 해월에게 있어서는 모든 인간을 하느님처럼 모시라고 하는 사인여천(事人如天)의 평등사상으로 철두철미 일관되게 나타난다.

해월의 이천식천(以天食天)사상

해월에게 있어서는 전 우주생명이 하느님이었다. 내가 먹는 밥도 하느님이요, 밥을 먹는 나도 하느님이다. 내가 밥을 먹는다는 것은 곧 하느님이 하느님을 먹는 것이다. 하느님이 하느님을 먹는 행위는 오로지 하느님이 하느님을 기를 때만(養天) 정당화될 수 있는 것이다. 이러한 하느님의 사상은 인간세에 있어서는 계급, 연령, 성별에 관계없이 모든 인간을 하느님으로 대하는 인간존엄의 보편주의로 등장한다. 그는 이러한 인간평등주의를 시천주의 우주생명론의 기초 위에서 철저히 실천하였다.

그가 관가의 지목을 피하여 도망다니던 어느 날 청주의 교도 서택순(徐垞淳)의 집에 들러 끼니대접을 받게 되었다. 그때 윗목의 조그만 골방에서 서택순의 며느리가 베틀을 찰칵찰칵 움

직이며 직포하고 있었다. 해월은 서택순에게 물었다.

"누가 베를 짜고 있는가?"

"제 메늘아기가 짜고 있습니다."

그런데 해월은 계속해서 물었다.

"누가 베를 짜고 있는가?"

계속 반복해서 묻는 해월의 질의에 서택순은 말문을 잃고 말았던 것이다. 서택순의 집을 떠난 한참 후 고적한 노상에서 해월을 모시고 가던 어느 제자가 해월에게 되물었다.

"누가 베를 짜고 있었던 것입니까?"

그때야 해월은 빙그레 말문을 열었다.

"하느님이 베를 짜고 있었던 것이다."

서울에서 가장 많은 사연을 간직한 다리, 수표교. 난간의 조형성이 뛰어나다.

서울, 유교적 풍류의 미래도시

에 불어나는 물의 수심을 잴수 있는 수표가 있었다. 물의 저항을 적게 받도록 교각이 마름모로 놓여있다.

도올 어린이 교육신헌 해제

아녀자와 아동이야말로 쉼이 없는 하느님

그는 특히 아녀자와 아동들을 존중했다. 아녀자와 아동의 말이라도 배울 것이 있으면 스승으로 모시라고 했다. 그에게 있어서 아녀자와 아동은 하느님이었고, 그들의 말은 곧 하느님의 말이었던 것이다. 평소 손님이 찾아와도 그는 손님이 왔다고 생각치 않고 하느님이 강림하셨다고 생각했다. 그리고 당시에는 아이들을 몹시 쥐패는 풍습이 만연되어 있었다. 그는 길거리를 지나다가도 부녀자가 자식을 때리면 극구 말리면서 다음과 같이 설법하곤 했다.

"아희를 때리지 마십시오. 그것은 아희를 때리는 것이 아니라 하느님을 때리는 것입니다. 하느님은 맞는 것을 싫어하십니다." 이것이 그 유명한 해월의 물타아(勿打兒)설법이다.

그가 1898년 4월 원주 송골에서 마지막 죽음의 길로 체포되던 날 아침에도 아들 동희가 아이들과 소꿉장난을 하면서 "병정이 우리집에 들어온다"하니 "이는 하느님의 소리다. 심상치 아니하다"라고 당신의 체포를 예언하고 의연하게 관병을 맞이하였던 것이다.

　『훈민정음』해례본에 실린 "어린 백성"(愚民) 운운하는 세종의 서문의 용례에서도 알 수 있듯이 "어리다"는 우리말의 표현은 "어리석다"는 뜻밖에는 없었다. 그 어리석음은 유지(有智)에 대한 무지(無智)였으며 밝음(明)에 대한 어둠(幽)이었다. 이를 보통 인간의 어리석음과 관련하여 몽매(蒙昧)라는 표현을 썼는데 그 용례의 근원은 『주역』몽괘(蒙卦)의 괘사에서 왔다. 몽(☰☰)이라는 괘상을 보면 위에 간(艮☰)이 있고 아래에 감(坎☵)이 있다. 간은 산(山)을 상징하며 멈춘다(止)는 뜻이 있고, 감은 물(水)을 상징하며 음험하다(險, 陷)는 뜻이 있다. 전체적 괘상이 산밑의 음험하고 어두운 습지를 말하며, 밖으로는 성장이 멈추어 있으며 안으로는 빠져들어가는 구렁텅이가 있다. 인간의 무지의 상징인 것이다. 이러한 몽매를 때리고(擊蒙), 열고(啓蒙), 훈도하고(訓蒙), 바르게 하는 것(正蒙)을 과거의 사람들은 교육이라고 생각했다.

인독트리네이션과 에주케이션

어린이의 교육이란 곧 어린이를 가르치는 것이다. 가르친다고 하는 행위에는 반드시 가르치는 자의 가르침을 받는 자에 대한 모종의 기대(expectation)가 수반된다. 이 기대는 가르치는 자의 밝음이 그 의도된 모습대로 가르침을 받는 자에게 계승되리라는 믿음을 전제하고 있다. 이 밝음을 우리는 문명(文明)이라고 부른다. 교육은 문명의 전승에 관한 가장 효율적이며 어쩌면 유일한 수단인 것이다. 그런데 이러한 교육의 가장 불행한 병폐는 가르치는 자가 자신의 가치관대로 가르침을 받는 자의 삶이 결정되리라는 믿음을 갖는 것이다. 이러한 폐쇄적 믿음, 즉 피교육자가 교육자가 살고 있는 것과 같은 종류의 삶을 살아주기를 바라는 기대, 이런 기대나 믿음을 우리는 인독트리네이션(indoctrination)이라고 부른다. 그것은 세뇌요 주입이지 교육(education)이 아니다.

> "새와 같이 꽃과 같이 앵두와 같은 어린 입술로
> 천진난만하게 부르는 노래, 그것은 그대로 자연의
> 소리이며 그대로 하늘의 소리입니다."

서울, 유교적 풍류의 미래도시

이것은 1923년 3월 20일 탄생된 잡지 『어린이』의 창간사의 첫 구절이다. 여기 소파가 주장하는 것은 어린이는 어른에 의하여 조작되어야 할 피지배적 존재가 아니라 그 나름대로의 삶의 방식을 선택할 수 있는 온전한 존재라는 것이다. 이것은 맹자(孟子)이래 꿋꿋이 전승되어 내려온 성선(性善)의 믿음이요, 어린이의 미래를 스스로 결정할 수 있도록 선택의 여지를 열어주는 개방(open horizon)의 믿음이다. 이러한 개방은 어린이의 미래가 교육자인 나의 삶보다 더 나은 것일 수 있다는 믿음을 전제로 한다. 이러한 믿음이 없이는 이 세계는 진보의 가능성이 멸절되고 만다. 나의 삶의 양식이 가장 옳으며, 어린이가 이 삶의 양식을 떠나서는 다른 삶을 살 수 없다고 믿으며, 따라서 어린이가 이 양식을 받아들이도록 하는 것이 교육의 목적이라고 믿는다면 문명의 진보는 불가능한 것이다.

문암(文暗)에서 문명(文明)으로

그러나 문명(文明)은 문화(文化)가 없으면 생명을 잃는다. 밝음(明)은 반드시 그 밝음의 양식이 끊임없이 변화(化)하는 과정을 통해서만 그 밝음을 유지할 수 있는 것이다. 밝음이 고

서울, 유교적 풍류의 미래도시

도올 어린이 교육신헌 해제

착되면 그것은 곧 어둠이다. 그것은 문명(文明)이 아닌 문암(文暗)이다.

인류의 20세기는 어린이가 문암(文暗)에서 문명(文明)으로, 어둠에서 밝음으로 걸어나오는 발자취의 여정이었다. 그러나 이때 교육론에서 우리가 나이브하게 넘길 수 없는 중요한 문제는 어린이가 과연 온전하게 스스로의 미래를 결정할 수 있는 모든 선험적인 능력을 구유하고 있는가라는 물음이다. 여기에 나는 선험(a priori)과 후험(a posteriori)의 이원론이나, 이성주의와 경험주의의 대결을 소소하게 논구할 필요를 느끼지 않는다. 맹자도 일찍이 "만물이 모두 나에게 구비되어 있어 몸을 돌이켜 성실하게만 하면 그보다 더 큰 즐거움이 없다"(萬物皆備於我矣。反身而誠, 樂莫大焉。)라고 했지만, 이것도 만물의 후천적 지식이 모두 나에게 갖추어져 있음을 말하는 것이 아니요, 만물의 이치를 깨달을 수 있는 보편적 가능성이 모든 인간에게 구유되어 있음을 말한 것일 뿐이다. 선험과 후험은 모두 교육의 과정을 통하여 상호보완적으로 확충되어나가는 것이다. 따라서 동심지상(童心至上)을 표방하는 순수주의도 그 한계가 명료한 것이다.

어린이는 어떤 경우에도 방임될 수 없다

문명 속에서의 어린이는 결코 방임될 수가 없다. 방임된 상태 그 자체가 이미 하나의 주입이다. 나의 가치관이 주입안된다고 하더라도 동시에 타의 가치관이 주입안될 수가 없는 것이다. 인간의 언어의 습득 그 자체가 이미 거대한 조작이요 가치관의 음모다. 인간이 언어를 사용하는 한, 이미 그 언어가 담고있는 온갖 가치의 체계로부터 인간은 자유로울 수가 없는 것이다. 인간이 언어를 선택한 것이 아니요, 언어가 인간을 선택한것이다. 인간은 언어의 노예다.

따라서 어린이의 교육은 주입과 비주입의 이원적 잣대에 의하여 결코 평가될 수 없는 것이다. 주입없이 교육은 성립되지 않는다. 모든 진보주의교육의 허구성이 바로 여기서 드러나는것이다. 결론적으로 어린이의 교육은 그 시대의 언어가 이루고있는 패러다임의 소산일 수밖에 없다. 즉 그 시대가 어떠한 인간상을 지향하고 있는가 하는 그 목적성으로부터 자유로울 수가 없다. 교육의 질의 고하는 오직 그 이상적 가치에 얼마나 진

도올 어린이 교육신헌 해제

실하게 접근하고 있느냐 하는 급불급(及不及)의 정도에 따라
결정될 수밖에 없는 것이다.

교육의 가치는 시대의 이상적 인간상과 밀접한 관계

중세기의 교육이 고매한 성직자(priest)를 기르는 것이었고,
유교사회의 교육이 청아한 군자(scholar-administrator)를 기르
는 것이었다면, 오늘날의 교육은 건전한 시민(citizen)을 기르
는 것이다. 그런데 우리는 시민의 덕성을 너무 이윤추구의 개
인주의를 표방하는 부르죠아윤리 속에서만 규정해왔다. 그들
이 표방하는 자유(Liberty)라는 것은 궁극적으로 생명의 가치
가 아니라 죽음의 가치며, 지속의 논리가 아닌 억압으로부터
해방이라는 일시적 느낌일 뿐이다. 그것은 창조의 가치가 아닌
파괴의 가치일 뿐이다. 자유는 좋은 것이나 결코 아름답지 못
한 것이다. 자유는 자율로 초극될 때만이 아름다운 것이다. 자
율은 규율의 세계다. 자율은 타율과 대비되는 것이다. 타율은
나의 규율이 타인으로부터 주어지는 것이요, 자율이란 나의 규
율을 내가 입법하고 실천하는 것이다. 자율의 내재적 기준은
인간이라면 복속하지 않을 수 없는 최소한의 보편도덕의 원리

들이다. 그리고 그 자율의 외재적 표현은 협동(cooperation)이라는 사회적 가치다.

민주는 성숙한 인간들의 협동체계

민주(Democracy)는 자율을 유지할 수 있는 성숙한 인간들의 협동체계를 전제로 하는 것이다. 자유로운 인간의 방종과 갈등으로는 민주는 유지될 수 없는 것이다. 그런데 우리나라 민주교육의 허구성은 바로 자율을 추구하지 않고 자유를 추구하며, 협동을 추구하지 않고 방종을 추구하며, 삶의 가치를 추구하지 않고 죽음의 가치를 추구한다는데 있다. 이것이 바로 서양의 진보주의교육의 경박성이요 천박성이다. 우리민족의 20세기 교육은 이러한 천박한 혼돈속에서 주체를 상실하여갔고, 가족공동체의 핵심적 윤리를 파괴시키는 것이야말로 진보의 신념인양 혼동하였던 것이다.

이제부터 우리는 어디로 가야할 것인가? 이제 우리는 자유와 평등이라는 서구의 천박한 가치를 초극할 수 있는 새로운 담론, 나의 기철학적 구상에 귀를 기울일 때가 되었으나 불행하

도올 어린이 교육신헌 해제

게도 그것을 이야기하기에는 너무도 우리의 마음이 준비되어 있는 것 같지를 않다. 오늘도 이 작은 지면에 나의 탄식만을 철(綴)하는 것으로 만족할 수밖에. 오호라! 슬플 뿐이로다.

서울의 안산(案山), 목멱

서울, 유교적 풍류의 미래도시

도올 김용옥

충남 천안생
고려대학교 철학과
국립대만대학 철학과 대학원
일본동경대학 중국철학과 대학원
하바드대학에서 동서비교철학으로 박사학위취득
고려대학교 철학과 교수
원광대학교 한의과대학 졸업
현재 문화일보 기자로서 활약하고 있다.
40여권에 이르는 방대한 저술이 있으나 대표적인 것만 소개하면,
『여자란 무엇인가』, 『東洋學 어떻게 할 것인가』,
『절차탁마 대기만성』, 『중고생을 위한 철학강의』,
『石濤畵論』, 『話頭, 혜능과 셰익스피어』,
『金剛經 강해』, 『노자와 21세기』(1 · 2 · 3),
『도올논어』(1 · 2 · 3), 『달라이라마와 도올의 만남』(1 · 2 · 3)

도올의 청계천이야기
-서울, 유교적 풍류의 미래도시-

2003년 6월 10일 초판발행
2003년 6월 10일 1판 1쇄

지은이 도올 김용옥

펴낸이 남 호 섭

펴낸곳 통 나 무

서울 종로구 동숭동 199-27

전화: (02) 744-7992

팩스: (02) 762-8520

출판등록 1989. 11. 3. 제1-970호

ⓒ Young-Oak Kim, 2003   값 8,500원

ISBN 89-8264-201-3   (03100)
ISBN 89-8264-200-5   (세트)